危機を突破する　リーダーの器《う》

童門冬二

青春新書
INTELLIGENCE

はじめに

ＩＴ機器の普及によって、私たちは人間としての高度化・自主化（独立化）の度合いを高めている。いままでは生きる上でも仕事の上でも、情報の収集・分析・問題点の摘出・その解決法の考究・選択肢の設定・その選択（決断）・実行などを人力でおこなってきた。

ＩＴ時代ではその大半を機器が担ってくれる。そのため危険な状況も生じてきた。それは〝危機ズレ〟である。

つまり〝危機の恒常化・定着化〟だ。手っ取り早くいえば危機が当たり前になってしまい、危機が起こってもそれを「危機だ」と認識する感覚が麻痺しつつあるということだ。これがもっとも危険な危機状況なのだ。

この本ではそういう危機状況におかれても、やはり「危機を危機としてとらえる」、いわば〝危機に対する初心〟のような心がまえをもち、それだけにその危機の実体を正しく認識し、正しい対応をおこない、結果、的確な克服（突破）をおこなった歴史上の人物を紹介した。

「ＩＴも航空機も新幹線もない時代の話が、現代にどれだけ役に立つのか」

という話をよくきく。

私は、それ（科学が未発達）だからこそ、人間は自分の能力（知力・体力）をフル回転させて立ち向かった、と思っている。とくに努力したのが自分の中にひそんでいる〝異能〟の発見であり、その活用だ。

危機というのは異常な状態であって、決してノーマルな状況ではない。だから、

「異常な状態には異常な能力が要る」

ということになる。この異常な能力が異能なのだ。それは普段は〝自分でも気がつかない〟力のことである。この発見にはよほど、

「危機状況の認識力」

が要る。〝危機ズレ〟をしていたら、まずそれだけでその危機に敗退する。みずみずしい感覚が必要なのだ。ということは不断の緊張、そして絶えぬ情報収集を欠くことができない。つまり手を抜けない。

紹介する人物たちは、したがって自主性（独立性）は強いが、それだけに〝山の上の一本松〟のような孤独性もある。一人で強い風当たりに立ち向かう勇者である。そうさせるパワーがどこから湧くのか、そしてそれが何のためなのかを、非ＩＴ時代に生きたかれらが教えてくれる。

そしてそれは、ＩＴにドップリ漬かったわれわれにとっても、決してタイムトンネルの向こうにある出来事ではなく、むしろ逆に、すぐ役立つ〝チエ〟であり〝汗〟であることを、私は信じている。

童門冬二

「危機を突破する リーダーの器」目 次

本文DTP/センターメディア

1 弱き立場の危機管理――「柔軟な妥協」を図るという賢策〈藤原清衡〉

「俘囚《ふしゅう》の政権」

東北地方には古くから〝東北自治の存在〟の主張がある。伊達政宗は「わが伊達家は奥州探題（東北長官）である」と誇りをもって唱えていた。状況から秀吉に屈したが、江戸初期には、家臣支倉常長《はせくらつねなが》をローマに派遣して国際貿易の許可を取り、石巻を国際港にしようとした。鎖国令によってこれも挫折したが、〝東北自治スピリット〟はそれ以前・以後にも脈々として流れている。

それを仏教文化圏として具体化したのが〝平泉王国〟である。

平泉王国の創世主藤原清衡《ふじわらのきよひら》の事蹟を考えるのに一番適切なのが、かれの「中尊寺建立《ちゅうそんじこんりゅう》供養願文《くようがんもん》」である。

この文章は、天治三（一一二六）年におこなわれた中尊寺の落慶法要の時に捧げられたものだという。文章は、当代一流の文学者であったといわれる京都の藤原敦光が起草し、これもまた当代一流の能筆家といわれた京都の藤原朝隆《ともたか》が筆を執った。

これを後年、陸奥鎮守府将軍だった北畠顕家《きたばたけあきいえ》（『神皇正統記』を書いた北畠親房《ちかふさ》の子）が書写している。北畠顕家は、その頃陸奥の多賀城（宮城県多賀城市）に駐屯していた。たまたま平泉の中尊寺に行って、この願文を見つけ、自ら書写したらしい。

北畠顕家は、南朝の忠臣で、いわば公家政権の一翼を担う存在であり、武家政権である足利幕府と対立していた。その意味でいえば、藤原清衡のつくった平泉王国は、「俘囚《ふしゅう》の政権」である。

この願文を書写しようと考えた北畠顕家の動機づけというのは一体どういうものであったか、非常に興味深い。平泉王国は、それが建設される前から、しばしば源氏累代の野望の下に蹂躙され続けた地域だったからである。前九年の役で、先住民族の安倍氏が源頼義によって滅ぼされた。後三年の役で、源頼義の子義家によって清原氏が滅ぼされた。そして、その子孫である源頼朝は、平家一門を滅ぼした。

後年、中尊寺の金色堂から棟木《むなぎ》の墨書銘が発見された。この中に女檀として、安倍氏、清原氏、平氏の名があった。この三姓は藤原清衡の妻の姓ではなかったかといわれている。とすれば、ここに書かれた姓を名乗った女性は、すべて源氏一門によって滅ぼされた一族の出身だ。

そう考えると、「中尊寺建立供養願文」と、この棟木の墨書銘に書かれた三人の妻の旧姓とを結び合わせて考えることによって、より藤原清衡の思いの深さが胸を打つ。

では、まず「中尊寺建立供養願文」には、どんなことが書かれていたのだろうか。

大国の論理と小国の論理

願文の最初には「鎮護国家大伽藍一区の事」と標示され、ここに建てる伽藍の内容と、そこに納められる仏像や経典などのことが詳しく列記されている。そして、その次に、

・長い間続いた東北地方の戦乱の犠牲になった多くの兵士たちや、鳥や獣に至るまでの霊を弔い、浄土へ導きたいこと

・みちのくと呼ばれた土地に、平和が訪れたことの喜びと、平和への感謝をこめて、このたび私財を投じ、仏事に捧げること

・この伽藍建立によって、辺境の蕃地としていわれなき蔑視を受けてきた地域を、仏教文化によって浄化し、対等の扱いを受けたいと願うこと
・そしてみちのくの地域と、日本国家の安泰を祈願すること
などが述べられている。

この願文の中から、後世、
・平泉王国における地方自治の確立と宣言。中央集権国家に対し、奥羽仏教共和国の独立とその確立
・その管理と運営
などが強調される。しかし、これは清衡の考えからすれば、少し過大な見方ではなかろうか。果たして清衡にそこまでの独立意志と、あるいは国家に対する反抗と見られかねない意志があったかは、疑問だ。

むしろ初代清衡は、

「都とうまくやり、共存共栄の道を歩みたい」

と考えていたフシがある。

そうでなければ、都からの離脱を策し、奥羽仏教王国の独立宣言を述べるようなこの願

文に、都の文章家や能筆家が協力するはずがない。そんなことをすれば、藤原敦光や藤原朝隆自身が、最大の権力者であった都の藤原氏ににらまれてしまうだろう。そういう角度から、藤原清衡の事蹟はもう一度見直す必要がある。むしろ、現在も地球の各地域で問題になる、

「大国の論理と小国の論理」

として見た方が、理解しやすい。

藤原清衡は、自分自身のことを、

「自分は俘囚の長・頭である」

と公言している。俘囚というのは、

「都の政治・経済・文化に従うようになったエビス（エミシ）」

ということである。つまり、清衡が「中尊寺建立供養願文」の中に書いた、

「長年、いわれなき蔑視を受けてきた地域に住む人々」

のことだ。

こういう地域とそこに住む人々への差別というか区別意識は〝中華思想〟にもとづいている。中華思想というのは、

「自分の国あるいは民族が、世界で最も優れた政治・経済・文化の持ち主で、周囲の東西南北に住む人々は、後発民族である」

という考えのことだ。この考えにもとづいて、周囲に住む人々をすべてエビスとかエミシとか呼んだ。そして東のエミシを東夷《とうい》、西のエミシを西戎《せいじゅう》、南のエミシを南蛮《なんばん》、北のエミシを北狄《ほくてき》と呼んだ。

日本でも古代国家が「征夷大将軍」などというポストを設けて、たとえば坂上田村麻呂などに奥羽地方を征圧させた。

清衡に流れる夷の血

「征夷大将軍」というのは「東夷を討つ将軍」という意味である。日本ではわずかに、秋田地方に住む先住民族を「北狄」といったらしい。いずれにしても、この中華思想を都の中央政権政府がもった。そして、なかなか王命に服さない先住民族たちを、

「まつろわぬ者ども」

といって、武力で服従させようとした。たびたびおこなわれた武力征圧に、ついに北の先住民族も屈した。そこで都の政府は、

「新しく王権に服するようになった各地域のエビス」を〝俘囚〟と名づけた。藤原清衡が、「自分は俘囚の長・頭である」というのは、いつまでもそういう立場にあった血族の出身であることを忘れずに、かえってそれを誇りに思うということだろう。決して「都に屈した者でございます」という卑屈ないい方ではない。その意味では、この先住民族の子孫に生まれたことを、清衡は恥じてはいない。

俘囚の中でも最も力を持っていたのが、安倍氏と清原氏だ。そして、平泉王国初代の清衡は、この安倍氏と清原氏の両方に血のつながりをもっていた。それはかれの母親が、奥六郡の司であった安倍頼時の娘だったからだ。

はじめ、奥羽権守の藤原経清に嫁いだ。そして清衡を生んだ。ところが、前九年の役で安倍氏が滅ぼされてしまった時に、藤原経清も殺された。そこで母親は、清衡を連れて清原武貞に再嫁した。武貞の先祖は、出羽山北俘囚の主と号していた。だから一時期清衡は、清原清衡と名乗っていた。それが、後三年の役で、源頼義の子義家によって清原氏も滅ぼされてしまった。そこで清衡は父の姓に戻り、藤原と名乗るようになったのである。

興味深いのは、奥州藤原氏が家系の祖を藤原秀郷にしていることだ。藤原秀郷といえば、平将門の乱を鎮定したことで有名だ。秀郷は、将門の縁者平貞盛とともに、将門を矢で射殺した。その子孫が奥州藤原氏だというのも何か因縁がある。そして、奥州藤原氏の子孫に当たる徳姫という女性が嫁いだ岩城氏は、平氏の流れである。

平将門は、関東地方に新しい国を築こうとした。確証はないが、かれが狙ったのは、「常世の国《とこよのくに》」

の実現ではなかったかと思われる。それは『常陸風土記』と呼ばれる、中央国家による大掛かりな国勢調査の本に、

「常世の国は、常陸国なるか」

という一文があるからだ。常世の国というのは、中国の神仙思想にもとづいた、不老不死のユートピアである。中国ではこれが、東海の島の中、すなわち日本国内にあると信じられていた。秦の始皇帝などは、真剣にこの問題を考え、一族の徐福をこの探索のために派遣している。しかし徐福が二度と中国に戻ることはなかった。始皇帝は、

「発見した東海の常世の国で、ぬくぬくと使者たちは生きぬいているであろう」

と悔しがった。この伝説が風土記の中に盛られ、

「そのユートピア国は、常陸国（いまの茨城県）のことなのだ」

と書いた。平将門がつくろうとしたのは、この〝常世の国〟ではなかったのだろうか。

〝黄金浄土国〟の根底にある思い

つまり、先住民族も後住民族も、あるいは他国から渡ってきた人々も、一切区別なしに、共存共生できるような国土の建設を願ったのではないかと思われる。この思想に共鳴しながらも、平将門の人物の器量の小ささを見ぬいて、ついに征伐側に回りかれを射殺したのは、藤原秀郷である。秀郷もまた、しばしば中央国家に反乱を起こす俘囚の流れではないかといわれてきた。その意味合いでは、奥州藤原氏が、

「わが祖は藤原秀郷である」

という意識をもつのも、単に都の権力に屈服した藤原氏の流れだ、ということを強調したかったためではあるまい。やはり、脈々と流れ続いてきた東国から奥羽にかけての、自治精神の名残りだといえる。しかし藤原清衡が実現したのは、その自治精神の露骨な表明ではなかった。

「それを底にひそめ、いかにして地域の特性を都の政府に認めさせ、奥羽に住む人々が独特な文明を保っていくか」

という方法論に心血を注いでいたのである。

藤原清衡は、有名な〝黄金浄土国〟をつくった。中尊寺の金色堂に示される通り、それは黄金によってつくられた寺である。黄金の財力を惜しみなく使っただけでなく、建造物の至るところに金箔を貼りつめた。またかれは、奥州白河の関から、陸奥外ヶ浜（いまの青森県の陸奥湾）に至るまで、一里ごとに笠卒塔婆をつくった。描かれた仏像には、すべて金箔が貼りつけてあったという。これは、奥州平泉王国の財力が無限であったことを物語る。が、かれの願いは、「中尊寺建立供養願文」にも書かれたように、

「長い戦乱で死んだ人間や、鳥や獣に至るまでの魂が成仏するように」

というものだった。すなわち、平和への限りない悲願である。

このことは、とりもなおさず、

「平泉王国では、武器を捨てて、仏に対する信仰を持って生きぬこう」

ということだ。この願いの底には、長年の戦乱に対する哀惜きわまりない心の痛みがこめられている。

「二度と、奥羽では戦乱を招かない」

という期待がかけられている。

このへんは、源為朝が、伊豆に流された後、琉球に渡り、琉球王の尚《しょう》王朝の祖になった、

という話にも通ずるものがある。尚王朝は、やがて全王国民に対して刀狩りをおこなった。そして、

「武器を捨てて、一人一芸に生きよ」

と命じた。これは、

「武器の代わりに、芸能をもって生きぬこう」

ということだろう。武力をもって征圧にかかる集権国家に対し、島民は一人一芸の文化をもって対抗していこうということだ。

清衡がつくった平泉王朝では、

「一人ひとりが、仏への信仰心をもって、都に対していこう」

ということである。

小国として生き残るために

しかし、その仏教立国の根源は、清衡の都との柔軟な妥協を底流としていた。清衡は決して、仏教立国をもって都に対置する地方自治の確立を考えていたわけではない。最小限、

「地域の特性を生かした都市づくり」

を願っていた。そして、

「この特性ある地域に対する都（中央）権力の不関与」を願った。いってみれば、都の権力によって清衡の築いた仏教王国が、よけいな干渉を受けずに、そのまま黙認されることを願ったのである。

そのために清衡は、都がそういう黙認の姿勢を保つような政略を駆使する必要があった。それが、かれの都の権力者に対する絶え間ない「黄金と馬」の献上作戦だ。

清衡が拠点とした平泉の地形も、あるいは中尊寺の伽藍の設計も、京都から導入したものだといわれる。平泉を囲む山や川を、清衡は京都の山や川に見立てた。同時に、寺の建築も、まつる仏像も、すべて京都の技術を導入した。その限りにおいては、根っから都に対抗しようという考えはない。京都に行ったことのある清衡は、

「都の文化はさすがに優れている」

と、すなおに驚嘆した。だから、かれが平泉に仏教都市をつくったのは、極端にいえば、京都の模倣であり、

「京都を奥羽の地で再現したい」

という考え方があったといってもいい過ぎではあるまい。

つまり、かれの平泉経営の根底には、京都との妥協がはじめから存在していた。そして、この京都との妥協というのは、公家政権との妥協であって、決して武家政権との妥協ではなかった。かれの心の底には、何といっても自分の先祖の安倍氏と清原氏を滅ぼした源氏一門に対する、沸々たる憤怒の念が燃えたぎっていたに違いない。

公家政権は、

「公家による公家のための政権」

ということだ。公家というのは、天皇一族と公家を含む。

武家政権は、

「武士による武士のための政権」

である。藤原清衡が積極的に接近したのは、公家政権だ。公家政権の頂点に立っていた都最大の実力者藤原一族に連結し、その意に背かないように努めた。ということは、かれが京都の模倣をし、また寺や仏像に京都のそれを導入したといっても、公家文化に憧れをもち、それを奥羽の地に導入したのであって、決して武家文化に憧憬の念をもったわけではない。

平氏一門も武家の出身ではあったが、やがてその生活は貴族化した。そのために、武家の純粋性を守る源頼朝一門に滅ぼされてしまった。頼朝は、幕府を鎌倉という東国において、決して京都に近づかなかった。おそらくかれはこう考えていた。

「武士が京都に入ると堕落する。京都は魔の都だ。その証拠が平氏だ。武士出身であった平氏も、都生活が長くなったために、武士の初心と原点を忘れて貴族化し、軟弱になってしまった。源氏はその轍《わだち》を踏んではならない」

しかしその頼朝も心の底では京都の公家文化に憧れていた。それを見ぬかれて「東国武士の初心（質実剛健）」を重んずる妻政子と、その実家である北条一族に政権を奪われてしまう。

表面上は時の政権に従いつつも

身近なところにも貴族化した武士の例が、たとえば木曽義仲や弟の源義経に見られた。頼朝は、表向きはこういう武士の貴族化を極端に嫌った。義経があれほど執拗に追いまわされたのも、

「都の魔酒を飲んで、悪酔いした武士のなれの果て」

と見たに違いないからだ。

しかし、藤原王朝はその源義経を匿《かくま》った。

これは単に源氏の野望を持続しようとする兄に背いた弟を匿ったということだけではあるまい。藤原清衡の都への接近のモノサシは、やはり〝公家政権〟にあったのではなかろうか。かれは心の底ではおそらく〝武家政治〟を嫌っていた。これは、かれの判断によれば、

・公家政権は、王道政治を目指す

・武家政権は、覇道政治を目指す

というふうに考えていた。王道政治というのは、民に対して仁と徳の政治をおこなうことである。覇道政治というのは、民に対して力と権謀術策による政治をおこなうことだ。完璧ではなかったが、仏教立国をおこなった清衡には、やはりそれをある程度緩やかな、おおらかな気持ちで認めてくれる藤原公家政権の方が信頼できたのだ。そこへいくと、源頼義以来、源氏の武家が胸の底に秘める野望は、どうも信用できない。

「いつ、襲ってくるかわからない」

という不安があった。

藤原清衡は、納税、貢金、献馬を怠らなかっただけではない。中央政府である都の地方

長官や、機関を否定していない。

都の政府は、俘囚を抑えこむために鎮守府をおいた。また、行政官としては全国に守《かみ》・介《すけ》・掾《じょう》のポストをおいた。清衡が支配する地域は二つの国にまたがった。陸奥国と出羽国である。それぞれ陸奥守と出羽守がおかれていた。

最初に書いた清衡の「中尊寺建立供養願文」を書写した北畠顕家は、陸奥守兼鎮守府将軍であった。俘囚を監視するために、各地域に「柵《き》」がおかれた。さらに、鎮守府の拠点が多賀城におかれた。北畠顕家は、この多賀城に赴任していた。行政の府である国府や国庁だけでなく、鎮守府がおかれていたということは、やはり陸奥・出羽などの国で、依然として軍による占領がつづけられていたということだ。

しかし、清衡はこれも是認した。行政的にも軍事的にも、都から派遣された出張官を積極的に排除することはしなかったのである。

このことは、形式的には、

・都の支配方針とその形式・機構を認める

・都の人事政策に介入しない

・都の示す法制に従う

・都が求める税の貢納を承認する
　ということである。

これらの権力をすべて都の中央政府がもっているとなれば、地域としてはどういうことになるのだろうか。本来、地方自治というのは、

・独立した行政理念をもつ
・それを実行するための独立した役所をもち、人事、財政についても、その地域の長が自主的におこなえる

つまり、地域管理上の人事権や財政権を都とは別個にもたなければ、本当の自治は確立されない。藤原清衡の場合はどうだったのだろうか。かれには確かに、

「仏教文化をもって、東北地方を治めたい」

という政治理念はあった。平泉にその理念を実現する拠点をつくった。しかし、その拠点は必ずしも都の方針に真っ向から対立し、独自の東北行政をおこなうためのものではない。むしろ仏の道を積極的に地域に浸透させる拠点であった。

もちろん、胸の底には沸々と都に対する反感や情感の思いがあったことは確かだろう。しかし、清衡はそれを露骨に示すことは絶対にしなかった。かれは、表面はあくまでも都

の方針に従いながら、間隙をぬって自分の崇高な政治理念を地域に浸透させていったのである。

共存・並立という方策

この方針は、かれだけでなく、息子の基衡、孫の秀衡、さらに泰衡に受け継がれていった。基衡が税金の割当額で都と喧嘩したことはあったが、軍事的にことを構えたことは一度もない。秀衡などは、短期ではあったが、陸奥守や鎮守府将軍に任命されている。

こういうことを考えると、かれらは自分たちの管理する地域に設けられた、都の支庁や、赴任してきた貴族たちに対し、これを冷遇したり、挑発したりするようなことはしていない。むしろ、

「うまくやっていこう」

と、共存・並立の方策を取った。このことは、

「自分の方からは絶対に手は出さない」

ということをも物語る。清衡の目的はあくまでも、「中尊寺建立供養願文」に書かれた悲願の達成にあったのである。この悲願の達成のために、多少の妥協や、あるいは中央政

府への服従もやむを得ないと考えた。

この清衡の考えを具体的に行動として示したのが、三代目秀衡の時代に活躍する金売り吉次のような存在だ。

金売り吉次は、大キャラバンを組んでしばしば京都に行ったことで有名だ。そして、京都の鞍馬山で修行していた源義朝の子牛若丸に遭遇した。牛若丸が、義朝の子だとわかると、吉次はこれを連れて奥州に戻ってきた。そして秀衡に預けた。やがて牛若丸は成人し源義経となった。義経のその後の活躍はよく知られている。

金売り吉次の役割は、奥州から藤原氏に頼まれた金や馬や鉄などを届けに行く。これに自分の商売も加える。黄金を売ったので〝金売り〟と呼ばれた。かれは黄金を売っただけでなく、得た金で、今度は奥羽地方の人々に必要な品物を買いこんだ。いわゆる近世の行商人たちがおこなった〝ノコギリ商い〟のはしりである。

しかし、旅の途中強盗が出るので、浪人を雇った。ボディガードに守られながら、数百頭の馬に隊列を組ませ、おびただしい荷を運んだ。

しかし、金売り吉次的存在は、何も三代目の秀衡の時代になってはじめて出現したわけではなかろう。都との交流に熱意を示したのは、何といっても初代の清衡である。しかし清衡が自分自身でそんなことを始終おこなうわけにはいかない。当然、代わりの者が必要になる。代わりの者は、武士や僧ではなく、やはり商人がふさわしい。その意味では、おそらく清衡の時代にも、金売り吉次的存在がいて、しばしば都と往復したはずだ。

「柔軟な妥協」という危機克服術

藤原清衡が、奥羽全土を仏教文化によって治め、人間はもちろんのこと鳥や獣に至るまでその往生を願うという悲願を立てたことについては、かれ個人の屈折した体験もその背景にあった。

かれの父は藤原経清といって、陸奥亘理《わたり》地方の土豪だった。妻は前述のように俘囚の長安倍氏の娘である。清衡はこの間に生まれた。前九年の役は、妻の父安倍氏が反乱を起こしたために、都から源頼義が征討将軍としてやってきた。清衡の父経清は、はじめはこの征討将軍である源頼義に味方した。

しかし、おそらく妻とその父に懇望されたのだろう、やがて頼義に背いて安倍氏の側についで、よく戦った。しかし源頼義は策を弄して、同じ俘囚の長である清原武則に応援を求めた。清原は頼義に味方した。そのため安倍氏は滅ぼされた。経清の裏切りを憎んだ頼義は、経清の首を斬るのに鈍刀を使ったという。長く苦しめようとしたのだろう。斬られた首は安倍貞任・宗任らとともに京都に送られてさらされた。

戦後、経清の妻すなわち清衡の母は、清原武則の長男武貞に再嫁した。清衡は連れ子として連れていかれた。母は、その後武貞の子を生んだ。清衡にとって決して住みよい場所ではなかっただろう。

やがて、この清原一家で内紛が起こる。これを鎮圧するために、都から源頼義の子義家がやってくる。このとき、清衡は義家に味方する。そして清原氏は滅びてしまう。清衡にはこういう複雑な経験があった。

だからかれは、公家政権の長である藤原氏に接近しながらも、一方では源義家にも接近していた。義家の侠気《きょうき》が気に入ったからだ。侠気というのは、後三年の役における義家の努力を、都では認めなかった。

「清原家の私闘に、源義家が勝手に介入した」

といって、義家に恩賞を与えなかった。そこで、義家は私財を投じて武士たちの功労に報いた。同時に、自分に味方した藤原清衡に、奥羽地方の南方三郡を割与した。これが清衡の平泉進出に大きく寄与した。清衡は義家の侠気に深く感謝した。

その意味では、清衡も公家政権に親しみを感じつつも、必ずしも武家だからといっていきなり毛嫌いしたわけではない。武家の中でも、源義家のように侠気があれば、清衡はこれと親しくした。つまり、かれは人間を見ていたのである。

藤原清衡は、平泉に拠点を構え、以北を仏教王国にしようと企てた。しかし、かれが白河の関から外ヶ浜まで、一里ごとに金色の阿弥陀仏を描いた笠卒塔婆を立て、さらに沿道の一万有余の村落ごとに寺を造営したのは、さらに壮大な悲願があったからだろう。

かれが衣川を越えて平泉に拠点を設けたのは、自分のつくる仏教王国の最南端に自分が自ら身をおいたということだ。普通なら、中央部に拠点を設けて身の安全を図る。しかし、かれはそうしなかった。最も都の軍事力が侵入しやすい南端に身をおいた。これは、かれの責任感を強く物語るものだ。しかしそれだけではない。

かれが白河の関を笠卒塔婆の拠点にしたのは、おそらくその地点まで仏教王国化したかったのに違いない。そうなれば、平泉はそのときの王国の中央部になる。そうした遠大な構想が、かれの胸にあったのだ。

打ち続く戦乱で死んだ人間だけでなく、鳥や獣まで成仏を祈ろうとしたかれの悲願は、切々と胸を打つ。この平泉の遺跡を訪ねた俳人芭蕉の、

夏草や　つわものどもが　夢のあと

と詠んだ句は、いろいろな思いをかき立てる。つまり芭蕉は、平泉遺跡を単に仏教王国の遺跡とだけとらえてはいない。戦乱の跡ととらえているのである。この句によって、初代藤原清衡の悲願の切なさがさらに伝わってくる。

「妥協」もまた〝危機克服〟の大きな方法であることを、藤原三代は如実に物語る。

2 激変の時代の危機管理

——大きな決断の裏にある緻密な情報収集〈織田信長〉

リーダーに求められる〝付加価値〟

ＩＴ社会下における企業経営者には、次の六つの条件が必要だといわれる。

先見力・情報力・判断力・決断力・行動力・体力

しかし、これだけでは人は動かない。いまの客の動向の一つに、「物にしろ、サービスにしろ、本体だけではダメだ。必ず付加価値がいる。客は、本体よりもむしろ付加価値によって物を買うか、サービスを受けるかを判断する」というのがある。

本体部分はいまのような情報化社会では、ほとんど知り尽くされている。そうなると、よそでつくる品物やサービスとは、一味違った物を提供しなければならない。この一味違った〝差異〟が付加価値になる。したがって、現在の企業経営の努力は、かなりこの付加価値の創造に振り向けられる。このプラスアルファのことを〝らしさ〟といっていい。

プラスアルファがなぜ必要かといえば、その〝らしさ〟の創造によって、客が「この品物なら」あるいは「このサービスなら」という〝なら〟の気持ちをもつからだ。客に〝なら〟の気持ちを起こさせるために、企業経営の努力が〝らしさ（よそとの差異）〟の創造に向けられるということだろう。

これは人間としての経営者やリーダーについても同じである。最初に掲げた六条件は、いわばリーダーの本体だ。本体だけではなかなか人がついてこない。

経営者やリーダーについても、物やサービスにおけるのと同じような〝付加価値〟が必要なのだ。つまり〝人間の付加価値〟である。リーダーシップに加えるプラスアルファ、いってみれば、その経営者〝らしさ〟のことだ。この〝らしさ〟が人間的魅力であり、また器量である。らしさを発揮することによって、みんながついてくる。

しかし、この〝らしさ〟を創造するのには、何といっても「進取の気性」が必要だ。みんなを引っ張っていくだけの能動性がいる。それを発揮するには、先の見通しを立てておかなければならない。進取の気性というのは、先見力と同時に、それを実行する力のことである。

桶狭間は単なる奇襲ではなかった

織田信長《おだのぶなが》は、いま求められている経営者（リーダー）の六条件を完全にもっていた。しかしそれだけではない。かれの優れているところは進取の気性に富んでいたことである。そしてこの進取の気性の発揮についても、他の戦国武将とは一味違ったユニークさがあった。そのいくつかを探ってみよう。

かれの名を一躍有名にした桶狭間の合戦は、いってみれば信長の決断の所産だ。あのとき、大挙して押し寄せる今川軍を前に、信長の家臣たちは全員籠城説を唱えた。

「打って出ても、こちらの兵力は十分の一ないし二十分の一だ。勝ち目はない。それなら、路傍に遺体を晒すよりも、武士らしく城に籠もって討ち死にしよう」

この決定に信長は無言だった。かれは腹の中で、（馬鹿者どもが）と思っていた。かれの脳裏には、男は格好よく討ち死にしても、残された家族は一体どうなるのだ、という考えがあった。

かれは胸の中で、「経営者というのは、単に事業を展開するだけではない。一緒に仕事をしてくれる部下とその家族の生活保障の義務もある。部下とその家族を食わせられないような経営者は、もうそれだけで失格だ」と思っていた。

部下の決定を聞いて、信長は黙って自分の部屋に引き下がった。が、未明、突然起き上がると、好きな謡曲〝敦盛〟の舞いを「人間五十年……」と口ずさみながら三度舞った。そして、いきなり「オレに続け！」と叫んで、馬にまたがり飛び出した。一気に桶狭間目指して突っ走った。部下がどんどん増えてくる。

このとき、信長はすでに報告を受けて、炎上していた織田方の丸根と鷲津の砦の脇を通った。目標地に行くのは、本当なら別の道である鎌倉街道を走った方が早い。にもかかわらず、わざわざ遠回りして、かれは燃え上がった丸根と鷲津の砦を部下に見せた。これには目論見があった。信長は、叫んだ。

「丸根と鷲津の砦を見ろ！　敵に焼き尽くされたあの砦の中には、オレたちの味方がみんな黒焦げになって死んでいる。この敵を討とう！」

普通の大将ならこんなことはしない。味方が受けた損害をわざと見せるようなところは通らずに、みんなの士気が上がるような、ウソを交えた情報を与えるに違いない。ところが、信長は実態を隠さなかった。ありのままに見せた。

信長にすれば、「こうして本当のことを教えた方が、部下のモラール（やる気）がアップするのだ。部下は悲惨な味方の全滅を見て、奮起するに違いない」と踏んだ。これが当たった。部下たちは一斉に奮起した。「丸根と鷲津の砦で死んだ味方の恨みを忘れるな！敵を討とう！」と一斉に叫びながら信長の後に続いた。

このモラールアップが、少ない兵力で大軍の今川軍を打ち破らせたのである。しかしこのときの信長は、闇雲に今川軍に突っこんでいったわけではない。事前に簗田政綱《やなだまさつな》という地域武将の情報提供によって、今川軍は二手に分かれていることを知っていた。軍の大部分は桶狭間にいたが、大将の今川義元と幕僚級は、ちょっと北の田楽狭間という谷にいることを掴んだ。信長が襲ったのは桶狭間ではなく、田楽狭間である。たまたま天がかれに味方して、ちょっとした低気圧が地域一帯を襲った。このことも簗田から知らされていた。低気圧の通過を待って、信長はいきなり田楽狭間に突入したのである。

この事前の情報収集と、判断力と、決断力が大きくものをいった。しかし、このときの信長の行動は、パフォーマンス人信長らしく、かなりハッタリをきかせている。敦盛を舞った後、いきなり単身でオレに続けと飛び出すのもそうだし、また途中で熱田神宮の社殿の中から鎧の音を聞かせたり、白いハトを飛ばしたりしたのもそういう仕掛けだ。もちろん、丸根や鷲津の悲惨な状況を見せたのも、その一つである。

しかしこのときの信長には、不安や絶望感の底に、「オレは必ず勝つ。勝たなければならない」という強い意志があった。その意志が何によって生まれたかといえば、「企業は絶対に潰してはならない。オレと部下が食っていく母体を失ってはならない」という、経営者の強い責任感からである。

組織の意識改革をはかる大胆な施策

織田信長の進取の気性は、時代を先取りし、日本人がどういう生き方をしたがっているかを見ぬき、それができる社会を構築したことだといわれる。一言でいえば、中世以来の呪い、迷信、祟りなどによって構成されていた日本人を縛りつける縄を、バラバラに切りほどいたことだ。ルネッサンスである。しかし、こういうことは容易には実現されない。何よりもかれが率いる織田軍団の体質と意識を変えなければならない。

この変革作業の一つに、かれの〝城の移転〟がある。信長は死ぬまでに、尾張（愛知県）の清洲城から、那古野城、小牧山、犬山、岐阜、さらに安土にと移転した。やがては、大坂に進出するつもりでいた。

この城の移転、すなわち拠点の移動は、現在に即していえばそのまま本社の移転といっていい。信長の場合は、本社を五回も六回も移した。こんなことは、現在の企業でもあまり考えられない。しかも、最後まで本社を尾張においておいて、次々と支社をつくったというのではない。本社をそっくり移動させてしまう。

そして、岐阜に拠点を移したときから、楽市・楽座をつくった。これは商人の自由競争を認めるシステムだ。それまで商人たちは座（一種の独占組合）のシステムに縛られていた。だから、なかなか参入できない。信長はこれを切り離した。「どこの誰が、どんな商売をやってもよい」と宣言した。思いきった〝規制緩和〟だ。さらに、税の上でも優遇措置を講じた。他国の商人がどんどん入ってきた。現在でいえば、規制緩和と税の優遇措置を条件に、企業を誘致するということだ。

これには目的があった。自分の城下町で楽市・楽座を設けることは、諸国の商人をどんどん集めるということだ。すなわち、農村から「市場の機能」を切り離して、都市部に設けるということでもあった。これは、信長が始め、豊臣秀吉が引き継ぎ、徳川家康の時代に完成する「兵農分離」のはしりでもある。

信長は、先輩の武田信玄や上杉謙信たちの行動を見ていて考えた。たとえば、信玄と謙信は、川中島で五回も六回も合戦している。なぜ、一度で決着がつかなかったのだろうか。信玄や謙信の率いる軍勢の大半は農民だ。だから、農閑期でないと出撃できない。そして、農繁期になると故郷に帰らざるを得ない。

（これでは、戦いに身が入らない。農民の兵士は、常に農作物のことを心配している。田植えや、雑草取りや、収穫のことを気にしている。頭の半分でそんなことを考えていたのでは、合戦に専念できない）

信長はそう考えた。

「農作業と、合戦作業とを分離しなければダメだ。いまは一人の人間が二つの仕事をさせられている。一人の人間ができる仕事は一つにしよう。それには農民と兵士を切り離すことだ」

そこで、戦闘員の専門化は都市部でおこなう。合戦に従事する兵士は、農村からは徴発しない。農民は、農村にいて農作業に専念する。そうなると、都市部の専門化した戦闘員の生活用品の面倒を見てくれる商人が必要だ。その商人は、いままでは農村の〝市〟によって暮らしを立てていた。

「これを、城下町に引っ張りこもう」

信長が、楽市・楽座を設けた目論見の底には、そういう考えがひそんでいた。

これもかれの進取の気性の一つだ。同時にそれはあくまでも座にしがみつく特権商人たちに対する一大痛撃でもあった。新興商人が、続々とかれの城下町にやってきた。岐阜の町は、バテレンのいい方を借りれば、「まるで、バビロンの町のように賑わっている」という状況になった。

信長は物の移動、人の移動を活発化するために、支配地ではそれまで設けられていた関所を全部壊した。船番所も壊した。これによって、かれの支配下にある地域は、すべて活性化した。信長はさらにこれを日本的規模に広げようと企てていた。

それでも動かない部下には

しかし、この作業を進めるのには、かれ一人ではダメだ。部下が一体となって、かれの目的を正確に理解し、協力しなければならない。そのためには、部下の意識改革が必要である。この意識改革のために、信長はかなり乱暴なこともした。たとえば、岐阜に単身赴任していた部下の集合住宅を、ある日突然、焼き払ったことがある。信長は本社を岐阜に移転したとき、部下にいった。

「尾張から、家族ぐるみで岐阜に移転せよ」

しかし、そうした者もいたが、そうしない者もいた。いまでいえば、「子供の学校の都合がありますので」とか何とか理由を設けながら、家族は尾張において、単身赴任する者がたくさんいた。信長は気にくわなかった。かれは二度と尾張に戻る気はない。

信長は前を見て突っ走るタイプだから、あまり後ろは振り向かない。過去とは縁を切って前へ進む。自分がそうしているのだから、部下にもそうしてもらいたいと念じていた。ところが部下は、この信長の進取の気性になかなか追いつけなかった。信長は馬で全速力で突っ走る。部下は自分の足で駆け出しながら後からついていく。到底かなわない。スピードが違う。部下たちはそういう言い訳をしていた。信長にすれば、そんなことは許せなかった。

(何のために、オレが城を次々と移しているのだ? 城を移すということは、織田軍団が根こそぎ前の土地から新しい土地に移るということだ。新しい土地にもいつまでいるかわからない。にもかかわらず、部下はいつまでも尾張に恋々として、家族を移動させない)

ある日、信長は自分の側近に命じて、松明《たいまつ》で部下の集合住宅を一斉に焼き払わせた。外出先から戻った部下たちは驚き、「なぜ、こんな乱暴なことをなさるのですか?」と食ってかかった。

信長はこう答えた。

「おまえたちは、いくらいってもオレの命令を聞かない。単身赴任はダメだ、家族ぐるみで越してこいと何度命じたことか。にもかかわらず、おまえたちは何だかだと理由を設けて、いうことを聞かない。もし、オレの命令に従って家族がこの住宅に住んでいたら、たとえおまえたちが外出していても、一時消火は家族の手によっておこなえたはずだ。そうなれば、家は丸焼けにならなくて済んだことだろう。家がこうして丸焼けになったのは、おまえたちがオレのいうことを聞かず、家族を尾張に残したまま、こっちに呼ばないからだ。そうして、おまえたちは夜になれば花街へ入りびたって、好き勝手なことをしている。だから家が丸焼けになってしまったのだ」

部下はいい返せなかった。信長のいう通りだったからである。そこであわてて全員が、家族を尾張から呼び寄せた。信長は、「それでいい」とニッコリ笑って、新しい住宅を建ててやった。

いまならいろいろと異論の出るところだが、この頃の考え方としては信長が正しい。

赴任地の客や、あるいは同僚・部下から見ても、地方での単身赴任者に対する見方はきびしい。「この人はやがて本社に帰るつもりなのだろう。腰を据えて、この地域で仕事をしようとする気がないのだ」と思う人もたくさんいる。これに対して、「子供の学校の都合があるので」などということは、本来理由にならない。地域の客は赴任してきた人間が、本気でこの地域にサービスを提供する気があるかどうかということを凝視する。それに応えていくには、単身赴任者はもうそれだけでハンディを背負っているといえる。家族ぐるみで住んでいる人々の二倍、三倍の努力をしなければ、地域での信用は得られない。

信長はそう考えたからこそ、自分が率先して家族ぐるみ移動し、同時に部下にもそうすることを求めた。この集合住宅焼き討ち事件は、単なる信長の乱暴ではない。強い企業経営者意識にもとづいている。

IT化とボトムアップの仕組みづくり

長篠の合戦は、それまでの合戦方法に一大変革をもたらしたといわれる。信長が刀や槍の代わりに鉄砲を使用したからだが、その鉄砲の使い方も、いままでの合戦の方法とは違っていた。いままでだと、いわゆる中間管理職級が前に出て、馬に乗り、敵陣に向かって突撃していく。その後から一般の兵士が刀や槍を振り回して続く。ところが信長は、長篠の合戦で一般の兵士を一番前に出した。リーダーシップの方法でいえば、この頃は「ここへ来い」といって、管理職が率先垂範する。信長の新しい方法はそうではなく、中間管理職は後ろから「あそこへ行け」と指揮を執ることにしたのだ。

しかし、ただ一般の兵士を前面に出したのでは危険だから、兵士が文句をいう。信長はこの不満の声を抑えるために、鉄砲をもたせた。つまり、OA化によって危険負担を軽減したのである。そしてこのOA化には信長が先取りした〝IT化〟が根底にある。

桶狭間合戦の時、信長は現場で論功行賞をおこなった。この時第一位にランクし多大な褒賞を与えたのは簗田政綱だ。普通なら敵将今川義元の首を取った武士に与える。信長はそうしなかった。ではなぜ簗田なのか？　信長はいう。

「簗田は織田家の滅亡を救い、存続・発展に役立つ情報をもたらした」

これは単に織田家だけでなく、戦国大名がすべて〝情報化（IT）時代〟に突入したことの認識を示す発言だ。武器のOA化以前に、「正しい情報の把握」が戦国大名にとって欠くことのできない条件であることを宣言したのだ。いきおい家臣も情報人間への変質改善をおこなう必要があることを求めたのだ。簗田は、まさに「IT社会における〝期待される部下像〟」を遺憾なく示したのであった。鉄砲導入はこのIT化の上に立つ、一つのイノベーションであった。

そして、もう一つは、この長篠の合戦は単に機械力を導入したというだけではない。「いままでのように、刀や槍を振り回すなどというような個人の戦闘技術によって戦いを続けていれば、いつまでたっても埒《らち》は明かない。これからは組織の時代だ。末端にいる兵士も、自分が何をしているのか、自分のしたことがどれだけの寄与度があったのか、ということを認識しなければならない」

いまの言葉を使えば、現場の従業員にも「情報共有」による「経営参加の道」を開いたのである。従業員に経営参加の道を開くには、やはり情報を与え、同時に組織目的をはっきり知らせなければならない。何でもかんでも、秘密だ秘密だといって情報を隠したり、曖昧な指示をしていたのでは、現場はついてはこない。信長は、「トップと現場の情報共有」と「トップダウンとボトムアップ」の回路を設定した。この日、鉄砲を撃ちまくった足軽たちは、自分たちの行動によって武田方の管理職がバタバタと撃ち倒されるのを見て、歓声を上げた。こんなことはいままでになかったからだ。

こうして信長は、「仕事は、個人がおこなうのではなく、組織がおこなう。個人はその組織の中で最大の力を発揮する」という鉄則を打ち立てた。

こういう信長の進取の気性は、徳川家康によって再び閉鎖社会がつくられたときに、長年月閉じこめられる。家康幕府は再び関所をつくり、船番所をつくった。さらに、日本の国を二百六十ほどに分けて、一つひとつを「国」化した。

後に、明治維新を実現するための戦争で、薩摩や長州軍が鉄砲隊や大砲を使った。しかしこれは信長の昔に返ったにすぎない。幕府方の軍勢の多くは、依然として刀や槍を振り回して戦った。徳川家康は、その意味では信長の進取の気性に逆らって、歴史を逆行させてしまったといえるだろう。

激変時代の〝情報〟をどう読み解くか

信長の進取の気性は、かれの幅広い情報と、その咀嚼によって培われたといっていい。そのきっかけになったのは、何といってもルイス・フロイスほかのバテレンたちだ。バテレンによって、信長は海外文明を教えられただけでなく、国内のことも教えられた。とくに堺の存在は、信長の目を見張らせた。堺の町は、支配する大名はいない。その代わりに会合衆《えごうしゅう》という三十六人の商人によって経営されていた。地域の問題はこの会合衆が相談し、決定した。ただ、戦国時代だから堺の町は自衛上、自分たちの手で堀を掘り、櫓《やぐら》を立てた。

そして、浪人を雇って軍事力とした。

ルイス・フロイスからこの事実を教えられた信長は感動した。大名のいない土地が日本に存在し、そこに住む人々が町の運営をおこなっているということに目を見張ったのである。同時に、町の運営をおこなっているのが全部商人だということにも驚いた。

信長は堺に接近し、そこの商人と交流した。いわば〝異業種交流〟だ。商人たちは、かれを茶室に案内し、茶の道を教えた。これにも信長は目を見張った。茶室では、大名も商人もない。対等だ。同じ狭い部屋で、水平性を保ちながら茶を点《た》て、それを飲む。亭主と客の奉仕と感謝の気持ちの行き通いを大切にする。

茶の道は、まさしく日本の文化である。その文化を守りつつ、堺の商人たちは海外に目を向けて国際交流をおこなっていた。信長は、いままで知らなかったものを堺で見た。そして、「これこそ、オレの目指す天下の道だ」と思った。つまり、平和で、秩序が保たれ、固有の文化を大切にしながら、人間の一人ひとりが、ある程度自分のパフォーマンス志向を満たしながら、豊かに暮らしていく。そういう日本にしなければダメだとかれは考えたのである。

信長は決して戦争好きだったわけではない。日本を一日も早く平和にするために、かれは次々と新しい戦闘方法を案出した。しかしその目標は、あくまでも「衣食足らせて、文化を知る」ということであった。それも衣食住の中に文化という付加価値を加えさせたのだ。モノづくり・芸術家たちが一斉に所を得た。全国的な「雇用の創出」であり「地方創生」だ。内需が一挙に高まった。かれが創り出した「安土文化」はその後、秀吉の「桃山文化」に引き継がれる。内需だけで日本は空前の経済の成長を起こす。こんな時代は、日本の歴史を見てもそれほどない。現在、国宝級の遺産の多くが安土桃山時代のものだということが、それをよく物語っている。

そういう意味では、信長の進取の気性はすべてかれの情報力によって得た「同時代人のニーズ」を的確に把握していたことによる。そして同時代人、すなわち当時の日本人のニーズの最大のものが、「日本を早く平和にしてほしい」ということにある、と認識したことが、信長の群を抜く素晴らしさであったといえるだろう。つまり、かれは同時代人のニーズを最も素早くマーケティングによって把握し、その中で一番要求度の高いものから、実行に移したといえるのだ。

3 自分を弁《わきま》える危機管理
——「いまを読む」「おのれを知る」ことの本質〈毛利元就〉

〝三本の矢〟の真実

毛利元就《もうりもとなり》といえば、戦国時代の名将として有名だ。とくにかれの〝三本の矢〟の教訓の話は名高い。死に面した元就が、三人の息子たちを呼んで訓戒したというエピソードである。かれは、

「兄弟三人が心を合わせて、毛利家を守るように」といい、まず一本の矢を手に取った。そしてビシッと折った。

「見てみろ。矢は一本だとすぐ折れる」

そういったかれは、今度は三本一緒にして折ろうとした。ところがなかなか折れない。

そこで元就は三人の息子にいった。

「おまえたちもこの三本の矢と同じだ。一本ずつバラバラになっていれば、敵に攻め滅ぼされる。しかし心を合わせて三本まとまっていれば、決して折れることはない。このことをよく心掛けるように」

三人の息子たちは、父親のいうことをよく理解してその後、心を合わせ、毛利家を守りぬいたという。

しかし、この三本の矢の教訓の話はそれほど単純なものではない。元就には三人の息子があった。長男が隆元、次男が元春、三男が隆景である。長男隆元に毛利本家を継がせ、次男の元春と三男の隆景は他家の養子に出した。元春は、山陰地方内陸部の実力者であった吉川家の養子に入れた。三男の隆景は、瀬戸内海の水軍の支配者として名を高めていた小早川家の養子に入れた。水陸両面から、中国地方と北九州を支配しようとしたのである。

しかし元就が病気になった時には、すでに長男の隆元は死んでいた。その息子の幼い輝元が本家の相続人になっていた。また、次男の元春はこの頃九州方面に出陣していて、父の見舞いができなかった。そうなると、長男、次男が欠けていて、元就の病床に駆けつけられたのは三男の隆景だけだということになる。そうなると三本の矢の話は成立しない。

「いや、三本の矢の話はもっと前の話で、実際には弘治三（一五五七）年十一月二十五日のことだ。この頃、元就は厳島合戦に勝利し、安芸の山奥から出てきた一国人領主が、中国地方五カ国を支配するようになった頃だ。そして、息子二人がそれぞれ吉川家、小早川家の養子になって、いうところの〝毛利両川体制〟が確立された直後のことである」

という説もある。

つまり、毛利両川体制が確立されたので、元就は三人の息子を呼び集めてこういう教訓をしたというのだ、事実としてはその通りだろう。

しかし、ここでは三本の矢の教訓がいつおこなわれたかの正確さを期すことが目的ではない。そうではなくて、

「三本の矢の話に含まれていた本当の教訓というのは、どういうことなのか」

ということの方が大切だ。というのは、元就のこの三本の矢の教訓には、戦国武将としての経営論がいくつも含まれているからである。それを分析してみたい。

拡大することだけが経営ではない

毛利元就は、元亀二（一五七一）年六月十四日に死んだ。この時、息子や一族を集めて

遺言をした。遺言の内容は次のようなものだ。

・わが息子と一族は、天下への望みをもってはならない

・それは、この父の武威を一つの基準とすれば、息子たちの武威はかなり衰えてきているからだ

・そこで、毛利家の当主は中国地方、吉川家は山陰地方、小早川家は筑前・筑後（いずれも福岡県）と豊前（大分県）をよく治め、三家がカナエの足のように共同して力を尽くすべきだ

・それには毛利家を継いだ輝元がまだ幼いので、たとえ他家に入ったといっても、元春と隆景は輝元の叔父にあたるのだから、よく本家の相続人を両川が補佐して守ってほしい

これに対して、三男の小早川隆景がこう応じた。

「父上のお言葉を守りぬきます。兄弟親族などが不和になるのは、すべて欲心に原因があります。欲を捨て、義を守れば決して兄弟親族が不和になることはありません」

これを聞いて病床の元就は大変喜んだ。そして、

「みんな、いま隆景がいった言葉を守り、決して違《たが》うようなことをしないでほしい」

さらに、

「あくまでも、わが業を守るように」

とつけ加えて、安心して死んだという。

このへんから、実をいえば元就の経営論がはっきり表れてくる。まず元就がいった、

「決して天下に望みを抱いてはならない」

ということは、

「毛利家の実力の限界をわきまえ、過大な望みをもってはならない」

ということである。これを現代の企業経営に直せば、

・わが社では、あくまでも分相応の本業に励んで、副業、とくに大博打的な投機事業に手を出してはならない

ということである。この時代の武将たちは、いずれも、

「天下人」

を目指していた。天下人というのは、日本全体を征服して支配者になることだ。織田信長、豊臣秀吉、徳川家康はその野望を達した。世間では毛利元就に対しても、武田信玄や上杉謙信などと同じように、

「毛利元就殿はいずれ天下人になりだろう」

と噂していた。それだけの力が元就にあると見ていたのである。が、元就本人は決してそんなことを考えなかった。かれは、

「安芸の山奥から出た一国人領主が、ここまで領地を広げたのだ。これからはこの領地を減らさないように努めるべきで、一切、東の方に目を向けてはならない」

と公言していた。これはなかなかできないことだ。勢いに乗って、まだ領地を広げれば広げられただろう。が、元就はある時点で打ち切った。

「毛利家は、もうこれでいい」

と。いってみれば事業規模と、マーケットの範囲を確定してしまったのである。そのことは逆にいえば、

「毛利一族の経営能力の限界は、ここまでだ」

と悟ったということだ。

元就はなぜ西に進んだのか

これは少し深読みになるが、毛利家というのはもともとは源頼朝のブレーンだった大江広元から出たといわれる。大江広元は京都朝廷に仕えた身分の低い公家だ。天皇の侍読を

していた。天皇に古典の講義をするポストだ。が、鎌倉に幕府を開いた源頼朝の要請によって、鎌倉に下った。頼朝は、広元に、

「武家政権確立のために、法制度や諸国の管理制度を整えていただきたい」

と頼んだ。広元は日本全国に新しく守護・地頭の制度をつくった。頼朝は喜んで、相模国（神奈川県）毛利荘などを与えた。毛利荘は現在の厚木市の北部あたりと推定されている。毛利家の姓の由来はこの相模国毛利荘にもとづいている。

源頼朝は、鎌倉に本拠をおいたまま決して京都には行かなかった。かれは、

「武士が京都に行くと必ず堕落する。そして家を滅ぼし身を滅ぼす」

と考えていた。後に、江戸幕府を開き頼朝を尊敬していた徳川家康も同じだった。家康も決して京都には近づかなかった。頼朝よりもっと東の江戸に拠点を定めた。おそらく京都から下ってきた大江広元が、そういう意味の意見を頼朝に告げたに違いない。広元は身分が低く、京都朝廷にいても出世の望みはない。公家社会には、いくら能力があっても、きびしい家の格と世襲制によって出世の可能性がないたくさんの遺賢が野《や》にいた。広元もその一人である。

「それならば、新しく勃興した武家政権のブレーンとなって、存分に自分の能力を発揮し

たい」

と考えたとしても不思議ではない。頼朝はそういう広元の心理につけ入った。広元はよく頼朝を支えた。その時、おそらく、

「武家が都に目を向けると、ろくなことはありません。平氏一門がそうでしたし、木曽義仲も同じです。源義経もその類いに入るといっていいでしょう。あなたは絶対に都には目を向けないでください」

いままでの自分の怨念もこめて、このくらいのことはいっただろう。頼朝は広元の意見を採用した。

毛利元就の遺言の中に、この先祖である大江広元の考えと源頼朝の考えが尾を引いてはいなかっただろうか。元就が、毛利家の進展方向を西へ西へと取り、決して東に向けなかったのは、東には都が存在したからだ。そして都とその周辺には「天下」を狙う同時代大名がいた。元就にはそんな野望はない。得た五カ国の領地をいかに守りぬくかという点に、かれの全神経がこめられていた。

現在でいえば、本業に専念して投機的事業には絶対に手を出さないという経営態度である。

自分自身がそれを実行してきただけでなく、子孫にもそれを求めた。これが遺訓の大切な柱の一本だ。

もう一つの有名な〝三本の矢の教訓〟には、いままで伝えられてきたのとは違った意味がある。

かれの息子で、吉川家に入った元春と、小早川家に入った隆景が少年時代、ある雪の日に部下の子供たちをそれぞれが率いて雪合戦をした。最初は、元春側が正攻法でグイグイと攻めまくり、隆景側を負かした。二度目の時には、隆景は謀略を使い、自分が先頭に立って数人の子供とおとりになり、わざと逃げて元春側を引きずりこんだ。すると、隆景がすでに道の横に隠していた子供たちが、一斉に元春側に雪の玉を投げた。元春側は完敗した。これを見ていた元就は思った。

「元春はまっすぐな性格だ。だから、内陸部で実力をもっている吉川家を治めるのにふさわしい。反対に隆景はかなり頭が鋭い。謀略を用いる。これは、いろいろと癖のある瀬戸内海の水軍を支配している小早川家を継がせるのにふさわしい」

子供の時にもそれぞれの性格が表れた。父の元就はそれを見ぬき、子供の資質と能力に応じた家を継がせた。それによって、

「毛利両川体制」

をつくり上げたのである。

吉川家に入った元春は、まっすぐな性格で何のけれんみもなく吉川家を統御した。ところが隆景の方はもっと才気煥発で、相続問題でゴタゴタの起こっていた小早川家を、見事に一つにまとめてしまった。その過程では、かなり非情なこともした。そして、小早川家の勢いは次第に強くなっていった。瀬戸内海の水軍もほとんど隆景に屈服した。世間では噂した。

「小早川家は、やがて毛利本家を超えるに違いない」

この噂が元就のところに入った。毛利本家は、長男の隆元が早世し、幼いその子の輝元が継いでいる。元就は老年なのにまだ安心して隠居することができない。輝元の後見人として、毛利本家の支配を続けていた。が、いつまでそんなことができるわけがない。気持ちの弱ってきた元就は、隆景の台頭に悩んだ。

〝いま読み〟の大家としての元就

毛利元就は、病の床に臥して、小早川家にやった才気煥発な三男隆景の進出を心配した。

「このままだと、小早川家が毛利本家を凌いでしまう」

本家中心主義の元就にはそれは認めにくいことだった。そこで、ある時、隆景を呼んで秘かに〝三本の矢〟の教訓をしたというのである。

だから最初に折られた矢は小早川隆景である。三本の矢は、毛利輝元と吉川元春とそして隆景であった。父から鋭い教訓を示されて頭のいい隆景はすべてを悟った。そして、

(自分は調子に乗りすぎた)

と反省した。さすが父は怖い。この日以来、隆景は一変した。身を捨てて本家の毛利家を守る補佐の任に徹しようと、経営方針を改めた。小早川家に戻ると、かれは部下に告げた。

「小早川家の経営方針を少し拡大しすぎた。今後は毛利本家に忠義一途に生きぬく。おまえたちもどうか協力してほしい」

このことは現代の経営に即していえば、本社を凌ぎかねない子会社の勢いと、その子会社の社長がたまたま本家から出た一族であったので、親会社の社長が子会社の専横を戒めるために、三本の矢を例にとって訓戒したということになる。

つまり、元就のいうのは、

「毛利コンツェルンは、毛利本家の経営する親会社を核とすべきである。吉川子会社と小早川子会社は、本社を凌ぐような勢いを示してはならない。あくまでも吉川・小早川両社は、毛利本社を支える立場を貫くべきだ。そのためには、いくら能力があるからといって、それを誇示するように世間に示してはならない。子会社の社長も本社の社長を立てて、分をわきまえてセーブすべきである」

ということになるだろう。

織田信長が死んだ後、豊臣秀吉が最も頼りにしたのが小早川隆景である。隆景には羽柴の姓も与えていた。もし小早川隆景がその後も長生きしていたならば、関ヶ原の合戦に本家の毛利輝元が名目上の総大将になることはなかったはずだ。元就の遺訓に背いて、天下に関心をもったために、毛利家は広大な領地を奪われ、長門と周防二国に押しこめられてしまった。その点、

「東方に目を向けるな。決して天下に望みをもつな」

といった毛利元就の経営論は、それなりに先見性をもつものであった。そして、その遺訓を守ったのが三本の矢で戒められた小早川隆景であった。むしろ、本家の方が三本の矢の真意を忘れてしまったのである。輝元が石田三成に、

「あなたこそ、われらがいただく総大将だ」

といわれて、その気になったのが大きな失敗であった。しかし、あるいはそうなったからこそ、薩摩藩とともに明治維新を実現する原動力に変わっていったのかもしれない。が、維新実現までに実に二百六十年間もの年月を必要としたのである。元就の遺訓を守って中国地方から九州の北部一帯にかけての領土を保全したとしても、その後の毛利家がどういう軌跡を辿ったかは保証のかぎりではない。歴史というのは、それ自身運動法則をもっているから、元就の〝三本の矢〟の遺訓も、その時点においては効力をもったかもしれないが、その後の時世の変化に果たして対応できたかどうかは疑問である。

つまり、

「時代を生きぬく」

ということは、

「先を読む・先を見る」

ということが大切だ。毛利元就は、先を読む・先を見るというよりも、むしろ、

「いまを読む・いまを見る」

という才能に溢れていたのではなかろうか。〝先読み〟ではなく、〝いま読み〟にかけて、

すばらしい洞察力をもっていたといえる。が、迫りくる大きな歴史のうねりは、さすがに元就も気がつかなかったのである。

そうなると、元就が、

・東方に目を向けるな

・天下に関心をもつな

といっても、いわゆる〝天下人〟の方が、そのまま一種の「地域での自己完結的経営」を認めたかどうかは疑問だ。

秀吉に貸しをつくった隆景の思惑

現在もよく、

「経営体は、単一に存在しているわけではない。全日本的、あるいは国際的な視野が必要だ。世界の一角で起こった出来事も、必ずその企業に波しぶきが飛んでくる」

ということがいわれる。グローバリズムの目をもって対応していかなければ、現在の経営は成り立たないほどきびしい環境にある。

小早川隆景が豊臣秀吉に愛されたというのも、小早川隆景が時世をよく見ぬき、

「毛利本家を安泰におくためには、補佐する分家としてどういう行動を取るべきか」

ということを、きちんと見極めていたからだろう。小早川隆景は、東方を見ていたし、天下のことにも関心をもっていた。さらに水軍を指揮する立場から海外の情報も得ていた。しかし天下に関心をもったといっても、もちろん天下人の織田信長や豊臣秀吉に取って代わるという野望があったということではない。

「天下人のもつ強大な力の下で、どうすれば毛利家が生きぬけるか」

ということを考えた。

そういう観点に立ったかれが、最も本領を発揮したのが、豊臣秀吉がまだ羽柴と名乗っていた頃の高松城攻めのときだ。

高松城は清水宗治という毛利方の武将が守っていた。秀吉は、参謀黒田孝高（後の官兵衛、如水）の謀略によってこの城を水攻めにした。その戦いの最中、突然、織田信長が明智光秀によって殺された。その報が秀吉のところにもたらされると、秀吉の参謀だった黒田孝高が毛利家に使者を送った。

「講和したい」

ということである。

この時、すでに毛利方でも信長の死を知っていた。兄の吉川元春をはじめ、毛利家の面々は、

「この時こそ、秀吉を打ち滅ぼすいい機会だ。明智光秀と挟み撃ちすれば、あのサル（秀吉のこと）はひとたまりもなく滅びるだろう」

と気勢を上げた。反対したのが小早川隆景である。隆景はいった。

「秀吉はそんな簡単に滅びるサルではない。必ず天下人になる」

みんなはびっくりした。そして、

「そんな弱音を吐くところを見ると、おぬしは臆病者か？」

とからかった。隆景は首を振った。

「天下人には、天の時、地の利、人の和の三条件が必要だ。秀吉にはそれがある。明智光秀にはない」

的確な観察であった。慎重な小早川隆景はそれだけの情報をもっていた。分析してみて、

「秀吉は必ず天下を取る」

と予測した。この予測は当たる。

このとき隆景が取った方略は、秀吉の申し入れに応ずることであった。それだけでなく、

かれは毛利本家にも話して、毛利家の旗印を秀吉に貸した。秀吉は喜んだ。つまり、京都の明智光秀を攻める秀吉軍に、毛利軍も参加しているというふうに世間に見えるからである。秀吉は、

「そなたには本当に借りができた」

と隆景にいった。秀吉は隆景のこの時の行為を単に戦略的にありがたいと思っただけではない。隆景の人柄にも魅せられた。全国を平定したのち、国家経営の核として、秀吉が本当に信頼し、重用したのは小早川隆景である。隆景はそれだけの力量を身につけていた。

策士黒田孝高もそのへんのところを見ぬいて、隆景に、

「あなたは自分の下した決断に後悔なさるところがまったくない」

といったのは、羨望の念も含まれていたのかもしれない。策士から見ると、

「秀吉さまはオレを警戒しておられる。しかし、小早川隆景には全面的な信頼心をもっておられる」

と感じたのだ。

小早川隆景は考えを複層構造にした。表層では秀吉に従うフリをしながらも、奥の層では、

「あくまでも毛利家の安泰を図ろう」

という、父の遺訓を守り貫く考えをもっていた。しかし、天はかれに多くの生命を与えず、やがて死んだ。そのために毛利本家は乱れ、ついつい石田三成に味方するようなことになってしまったのである。

〝本業〟を忘れるなかれ

毛利元就の経営方法を考えると、堅実だ。この経営方法は、元禄年間の作家井原西鶴の商法によく似ている。西鶴は、

「不況を乗り切るためには、長者丸という薬を飲むとよい。長者丸は、次のような成分で調合されている」

といった。彼が長者丸の成分として考えたのは、

・始　末
・算　用
・才　覚
・信　用

の四つである。始末は節約、算用は勘定、才覚は工面・努力、信用は字の通りだ。しかし西鶴は、

「せっかくの長者丸にも、その効力を薄めたり、なくすような毒を併用したら何にもならない」

といっている。かれが毒といったのは、

・本業をそっちのけにして、副業に夢中になること
・店の主が、博打に夢中になること
・分不相応な贅沢をすること
・よく確かめもせずに、すぐ保証人になること
・儲け話に耳を傾け、投機的な仕事にすぐ手を出すこと

などを挙げている。なんだかあのバブル経済を成立させていた条件を、数百年前にすでに西鶴がいい当てていた気もする。毛利元就が、

「東方に目を向けるな。天下に関心をもつな」

といったのは、西鶴の「本業に精を出せ」ということと同じだ。また、

「よく確かめもせずに保証人になるな」

というのは、石田三成に呼びかけられたからといって、すぐ「総大将」のポストに就くような軽々しい真似はするな、ということだろう。さらに、天下分け目の戦いに参加するということは、

「本業を忘れ、投機的な事業に手を出す」

ということになる。

その毛利元就の遺訓を最も忠実に守り、真の後継者になったのが実は本家の方ではなく、分家の小早川隆景であったというのも皮肉である。こういうことは現代でもしばしば目にする例だ。

4 撤退戦の危機管理——負け戦で問われるリーダーの本領〈直江兼続〉

家康の策動

主人の上杉景勝と新領地の会津へ帰国する時、直江兼続《なおえかねつぐ》は、伏見の上杉邸に留守居役をおいてきた。千坂対馬である。千坂はなかなか機転のきく武士で、伏見で起こっていることを、その後もこと細かに報じてきた。

景勝と兼続が伏見を発ったのは慶長四（一五九九）年八月三日のことで、同月二十二日には若松城に入った。この時、兼続はちょっと病気をした。

年が改まって慶長五年になると、年初から千坂の報告が相次いだ。それによると、

「五大老筆頭徳川家康殿が、自邸においてしきりに密議をこらしている。自派に参加する

大名を次々と拡大している。その方法として、法度に背くような姻戚政策を取っている」
ということであった。千坂の報告によれば、すでに加藤清正、福島正則、黒田長政など
の旧豊臣系の大名が、全部家康の屋敷に入りびたっているという。家康が姻戚政策で手を
伸ばしたのは、東北の雄、伊達政宗や四国徳島の蜂須賀家政などであった。
「家康め、いよいよ本性を現しましたな」
千坂からの報告書を景勝に渡しながら、兼続はそういって笑った。報告を読んだ景勝は
真面目な表情で兼続を見返した。
「どうする？」
「しばらく様子を見ましょう。佐和山城の石田殿がどう動くか、それが鍵になるでしょう」
景勝はうなずいた。
豊臣秀吉は死ぬ直前に、遺児秀頼の将来を固めるために、五大老と五奉行という制度を
設けた。五大老に選んだのは、徳川家康、前田利家、毛利輝元、宇喜多秀家、そして上杉
景勝の五人であった。景勝の前は小早川隆景がこの職に就《つ》いていたが、隆景が死んだので
景勝が補充されたのである。五奉行として選ばれたのは、石田三成、前田玄以、浅野長政、
増田《ました》長盛、長束《なつか》正家である。このうち石田、増田、長束の三人は、すべて近江の出身者で

ある。

五大老が豊臣政権の政策形成者であるとすれば、五奉行はその実行者であった。その中に近江出身の大名が三名入っているというのは、これら三人がいずれも算勘や経営能力に優れていたからだ。その意味では、後に徳川家康が整備する幕府の機能組織の原形が、すでに秀吉の時代にあったといっていい。

慶長四年閏三月に前田利家が死ぬと、家康の動きが活発になった。穏忍に穏忍を重ねてきた家康の慎重さが失われ、積極的にかれは動いた。千坂が報告してきた大名との婚姻政策もその一つである。明らかに自己派閥の増強を策していた。

そして、他の三人の大老に対しては、

「ここのところ非常に激務で、お国元の方にもいろいろとお仕事がおありでしょう。一度ご帰国になさってはいかがかな?」

ともちかけた。これ幸いと毛利輝元や宇喜多秀家もそれぞれの領地に戻っていった。上杉景勝に対しても、家康は、

「あなたの場合はとくに、越後から会津に領土がお替わりなって間もない。さぞかし気がかりなことが多いでしょう。ご帰国あれ」

と親切めいた勧め方をした。しかし家康のいうように、新任地のことが非常に気がかりだったので景勝も帰国することにした。家康にきちんと挨拶をしたし、同時に江戸を通過する時は家康の息子の秀忠にも挨拶状を送った。秀忠は追いかけるようにして手紙をよこした。

「ご異動でさぞかし大変でしょう」

と励ましの文章が書かれていた。この限りにおいては、直江兼続は今度の帰国に対して、家康から何ら文句をいわれるような筋合いはないと信じていた。

会津づくり

会津に戻った景勝は、若松城を見て、

「山に近くて不便だ」

といい出した。

「新しい城をつくろう。どこか適当な土地を探せ」

と命じた。兼続は若松城の北西にある神指《こうざし》を候補地として、新城の造成を始めた。同時に古い若松城も整備した。改めて会津に至る諸道の整備もおこなった。

これを疑いの眼で眺めたのが、角館（秋田県角館市）の城主戸沢政盛である。政盛は早速このことを上方の家康に報告した。家康は伏見城下の自分の屋敷を拠点としていたが、その後、伏見城に入った。そして同僚の大老たちが国に帰ってしまうと、堂々と大坂城に入りこんだ。口に出さなくとも、

「今後の豊臣家の政治は、自分が取り仕切る」

という態度が見えみえだった。

伏見に残っている千坂対馬からの報告書を念頭におきながら、兼続は次々と新領地の経営に力を注いだ。基盤整備をおこなうと同時に、人的面でも有名浪人をしきりに召し抱えた。車丹波、上泉泰綱、山上道及、小幡将監、岡野左内、前田慶次郎などがそれぞれ高い俸禄で招かれた。これもまた周囲の眼をそばだてた。戸沢政盛は早速注進に及んだ。

そして、密告者はさらに増えた。ことに、上杉景勝が会津に転封された後、越後に入った堀秀治が、悪意をこめて上杉家の動きを大坂城の家康に報告した。

越後から会津に異動する時、兼続はその年の年貢米半年分をすでに農民から取り上げていた。後から入った堀家はびっくりして、

「徴収した米を返してもらいたい」

と文句をいった。兼続は笑った。

「会津の前任者蒲生殿が会津の米を半年分徴収しておもちになった。したがって、われわれもそうせざるを得ない」

とうそぶいて相手にしなかった。堀家はたちまち財政窮乏に陥った。そこで恥を堪《こら》えて、上杉家に、

「米を貸してほしい」

と頼みこんだ。兼続は、

「必ず返すのなら貸してやる」

と恩に着せて、佐渡方面の米を貸した。

そしてすぐ、

「この間貸した米を返してほしい。こっちもいろいろと金が必要なので」

と催促した。堀秀治は怒った。堀にすれば、兼続が先取りしていった米の代償に、借用という形で今年の年貢不足を補填する気でいたからである。しかし兼続はそんな考えは認めなかった。真っ正直に、

「貸した米を返せ」

と迫ったのである。

堀家の上杉家、とくに兼続に対する憎悪の念は燃え上がった。厄介事はそれだけではなかった。堀家が越後に入ってから、しきりに農民が一揆を起こした。堀家の年貢が倍増されたというのがその理由だ。調べてみると、農民一揆の背後には浪人が多数いた。その浪人は、兼続が密かに越後に残していった連中だった。堀秀治は、

「この一揆の背後には直江がいる。あいつが煽っているのだ」

と信じた。このことも大坂城の家康にすぐ報告された。

家康に臣従せよ

慶長五（一六〇〇）年三月十三日は、故上杉謙信の二十三回忌に当たった。景勝は会津に移ってきたことでもあるので、改めて首脳部の心を一致させようと、大法要をおこなうと触れた。しかし上杉・直江憎しの念に燃えている堀家から見ると、これまた怪しい集いに思えた。堀家ではすぐ大坂城の家康に、

「上杉家では謀臣直江兼続を中心に、上杉謙信の二十三回忌を口実に何か企てております」

と報告した。この報告を裏付けるように、上杉家から脱走者が家康のところに飛びこん

できた。景勝の家臣で藤田信吉という武将である。二百人近い一族郎党を連れて藤田ははじめ江戸城の秀忠のところに駆けこんだ。秀忠は上杉家のその後の動きを聞いて驚いたが、

「このことは大坂の父に詳しく話すように」

といって、藤田を大坂へ回した。藤田の話を聞いた家康は、

「三月十三日には、謙信公の二十三回忌がおこなわれたそうだが？」

ととぼけて聞いた。藤田は大きくうなずいた。

「二十三回忌というのは口実でございます。直江兼続が中心になって上方への謀議を企てております」

と、堀秀治の報告を裏付けた。こうなると家康もほうってはおけない。そこで兼続と親しい豊光寺の承兌《しょうたい》という僧に命じて、

「オレのいうことを手紙に書いて直江に送れ」

と命じた。承兌は家康の話すことを聞いてそれを手紙にしたため、直江に送った。慶長五年四月十三日に直江兼続は承兌からの手紙を受け取った。次のような内容である。

「急ぎ書面でお伝えします。上杉景勝さまの上洛がないので家康公は非常に不審の念をもっておいでです。京都ではいろいろ噂が流れています。家康公もこのままにはほうってお

けないので、近く二人の使者をそちらに差し向けるそうです。が、あなたとは長年のお付き合いがあるので、その前にわたくしの感じていることをお伝えします。
・景勝公が家康さまに異心がないのなら、神に捧げる誓詞を差し出すべきでしょう
・上杉家の後に入った越後の堀殿が、家康公に対し景勝さまが謀反心をもっていると告げておいでですが、なぜこのことに弁解をなさらないのですか
・前田家では、家康公に謀反心がないことを示すため、人質をお出しになりました。上杉家もお考えになったらどうでしょう
・もちろんあなたの方も、領国が新しくお替わりになったばかりでいろいろとお忙しいとは存じます。しかし、申されることがあれば、あなたも景勝さまとご一緒に上洛なさって、奉行たちにお話しになったらいかがですか
・京都では、上杉家では新しい城を築いている、若松城も増強している。通路も整備している、武器弾薬を集めている、名のある浪人をしきりに召し抱えているなどといろいろなことがいわれております
・これらの噂の中にはおそらく誤解もあると思いますので、一日も早く景勝さまが上洛されて、家康公の誤解をお解きになるよう努力すべきだと思います

急いでこのことをお伝えします」

一言でいえば、

「とにもかくにも上杉景勝は、一日も早く上洛して家康に弁明しろ」

ということである。上洛弁明というのは表向きで、実際には、

「他の大名は次々と家康公に臣従している。上杉家も早くそうすべきだ」

という催促であった。

直江状という挑戦状

この承兌の手紙に対し、直江兼続は返書を送った。世に〝直江状〟と呼ばれるものである。

「四月一日付のあなたのお手紙は十三日に確かに拝読しました。いろいろとお気遣いいただいて恐縮です。お礼を申します。

会津のことについて京都でいろいろと噂が立っているそうですが、家康公が主人景勝についていろいろご不審に思われることも無理ないことと思われます。それは会津の土地が上方から遠く、また主人景勝がまだまだ若年だからです。

そこで、せっかくお手紙をくださったあなたに対してお気持ちがやわらぐように、お申し越しの件について申し述べます。

・主人景勝の上洛がないというお咎《とが》めですが、これは当方にとってはいいがかりだといわざるを得ません。なぜなら、越後から会津に移されたのは二年前のことであり、主人景勝もわたくしも昨年九月にはじめてこちらに戻ったばかりです。新領国の経営についてまだほとんど手が付けられておりません。したがって、異動された大名が領国経営に力を尽くすのは当たり前のことであって、そのため上洛が遅れたからといって、いちいち文句をいわれる筋合いはないと思います。ましてやそれが、家康公に謀反心だなどというのは、まったく根も葉もないことであります

・誓詞を出せとおっしゃいますが、いままで何度も故太閤殿下に対し誓詞を出し、またご同役の大老同士でも誓詞を交わしております。ああいうものはいまは反故《ほご》になっているのでしょうか

・主人景勝は、上方でもみなさんから上杉殿は実に律義な方だという評判をいただいておりました。わたくしが見たところ主人景勝の態度はいまも変わりません。それを、あなた方は急変したとおっしゃるのでしょうか

・いろいろな噂が飛ぶのは、密告者がいるからだと思います。それも上杉家を裏切って脱走したり、あるいは上杉家に含むところがあって為《ため》にすることを家康公に吹き込んでいるからだと思います。上方として、一体どちらをお信じになるのでしょうか。卑怯者の密告者のいうことをお信じになって上杉家をお咎めになるのか、それとも律義者で鳴る上杉家のいうことをご信用になるのか、どちらなのでしょう

・前田家が人質を出したというのは、家康さまのご威光に因《よ》るものだと思います

・道をつくったり、橋を架けたりするのはけしからんというお話ですが、もしも上杉家に謀反心があるのなら、逆なことをするのではないでしょうか。国境を塞いだり、川に架かった橋を落とすのが普通だと思います。それを道路を広げ、橋を架けているのは、どの国からも自由にお入りなさいという上杉家の態度を表明するものです。現に、他の大名家でも道路を直したり橋を架けたりするような工事をしきりにおこなっているではありませんか。上杉家だけではありません

・武具を集めるのがけしからんという仰せですが、上方の武士が新しい茶碗や炭斗《すみとり》の良い物を集めるのが流行のように、われわれ田舎の武士は、そういう武具を集めるのが地方の風俗だと思っております。それほど会津の土地は、まだまだ田舎なのです

・主人景勝には誓って謀反心などありません。故太閤殿下のご遺児秀頼公をあくまでもお守りしたいと存じております

いろいろとお気遣いをいただいて恐縮です。以上、ご不審の点についてお答えいたします」

署名は直江兼続で、宛先は承兌であった。承兌は兼続からの手紙を五月三日に受け取った。承兌はすぐこれを家康に届けた。家康は渋い顔になった。承兌が見ていても、家康の顔は皮膚の裏で怒りが火を噴いているありさまがよくわかった。承兌から見ても兼続の返書は乱暴だ。

(これが徳川殿に対する返書か)

とあきれた。が同時に、

(直江殿は、なぜこんな強腰な返書をよこしたのだろうか? やはり噂通りの謀反心を抱いているからか。石田三成殿と呼応して、徳川殿に反旗をひるがえすつもりなのだろうか)

といろいろ思案した。

家康の野望を打ち砕くために

家康に、

「上杉景勝は謀反心あり。討伐する」

と、いわゆる〝上杉征伐〟の決意をさせた原因だといわれるこの直江状に対し、上杉景勝はどういう見方をしただろうか。兼続は承兌に送る返書の案をもちろん景勝に見せた。読み終わった景勝は苦笑した。

「これではまるで挑戦状だ。家康は怒るぞ」

「それが狙いです」

「どうする気だ？」

肝胆相照らす主従であったが、こういうギリギリの段階になると、主人の景勝も謀臣兼続の本心を知りたかった。兼続は景勝の顔を真っ直ぐ見返してこういった。

「わたしの悲願は、上杉家がもう一度、越後に戻ることです」

「それはオレも同じだ」

「それなら、この機会を利用しましょう」

兼続が考えた上杉家の越後への帰還策は次のようなものであった。

・直江兼続の返書によって激怒する徳川家康は、おそらく上杉討伐を名目に諸大名を率いて、会津に攻めてくるに違いない
・その時は、石田三成とのかねての密約に従い、上杉家では応戦態勢を固める。そうすれば上方で佐和山城の石田三成が兵を起こす。この時大坂城の秀頼公の出馬を仰ぐ。三成の挙兵は豊臣家を守りぬくためということだから、秀頼公が出馬なされば、豊臣家の大名の中でもかなりの軍が味方する。すなわち、連合軍が西方に出現する
・そこで上杉軍と上方連合軍が共同作戦を展開し、家康を挟み撃ちにする。そうすれば、機を見るに敏な大名が一時期は家康に従っていても、秀頼公の出馬によって寝返る者が次々と出てくるに違いない。そうなれば必ず勝てる
・伊達政宗がしきりに上杉家を狙っている。というよりも、政宗は会津に執着をもち、同時に自分の生まれた米沢にも愛着をもっている。これを奪還したいのがかれの悲願だ。おそらくこの機会にそれを実行に移すだろう。したがって、伊達政宗にどう対応するかも考慮に入れる必要がある
・徳川家康や伊達政宗に対抗するためには、常陸（茨城県）の佐竹義宣と連携する必要がある。佐竹家からはすでに、いざという時には上杉家と歩調を一《いつ》にするという約定を取

り付けてある

・問題は山形の最上義光だ。フラフラしていて態度が決まらない。しかし、最上家ではかつて娘を豊臣秀吉の甥秀次の側室とし、秀次が自殺させられた時にともに殺されている。この恨みは大きい。また、伊達政宗の生母は最上義光の妹だ。したがって政宗と通じる危険性もある。安心はできない。最上対策を考えておく必要がある

・もう一つは上杉家が移されたあと越後に入った堀家の動向だ。承兌の手紙にもあったように、堀家は上杉家に憎しみの念をもっている。とくに年貢問題がこれを増幅させた。堀家が上杉家の味方になる可能性はまったくない。そこで堀家への対策としては、越後に残してきた上杉家の遺臣たちを煽動して、大掛かりな一揆を起こさせる。そして越後国内の旧上杉家の城を次々と奪還させる

「こういう諸方面における蜂起を連動させれば、徳川家康の野望は挫かれます。石田三成殿の連合軍が勝利すれば、大坂城の豊臣秀頼公もご安泰です。そうなった時は、堂々とわが上杉家もふたたび越後に戻ることができましょう」

「なるほど」

景勝は感嘆して兼続を見返した。

潔く負けを認めるのも武士道

関ヶ原の合戦は何も、岐阜県の関ヶ原だけでおこなわれたわけではない。たしかにあの地域でおこなわれた戦争が徳川家康を天下人に押し上げたことは事実だ。しかし、この旧豊臣家対徳川家の戦争は、信州（長野県）でも九州でも東北でもおこなわれた。信州では上田城に籠もった真田昌幸・幸村父子が、別働隊として中山道を進む秀忠（家康の三男）軍を散々に悩ませた。東北戦争は兼続が主導した。兼続の方から仕掛けたわけではなかったが、かれの予測通り伊達政宗がまずちょっかいを出した、仙台にいた政宗は南下して白石城を攻撃した。上杉軍は直ちにこれを迎え撃ち、激戦になった。

最上義光は兼続が予想した通り、徳川家康に味方した。常陸の佐竹は、約定通り上杉家に一味するといってはきたが、実際にはなかなか動かなかった。どっちつかずの態度を取った。このへんから兼続の作戦のあちこちに綻びが生じた。

兼続自身は長谷堂城に拠る最上勢と戦った。しかし、どういうわけか各戦線で上杉軍の合戦ぶりはあまり芳しくなかった。大勢的には、あちこちの戦線で上杉軍は敗れた。

九月の末になって、兼続はやっと、

「石田方が、徳川方に敗れた」

という報告を受けた。実際に関ヶ原の合戦がおこなわれたのは慶長五年九月十五日だったが、この報告が兼続にもたらされたのは半月以上たってからだった。当時のコミュニケーションの状況からすればやむを得ない。兼続は軍議を開いた。

「どうするか」

とはかる。主人景勝の命によってである。結局は、「徳川家康に降伏しよう」ということになった。

無念だったがやむを得ない。兼続は、

(すでに勝機は去った)

と思っていた。兼続にすれば勝機は一度あった。それは上杉征伐を名目に徳川家康が多くの大名を率いて、関東地方へやってきた時のことだ。家康は下野(栃木県)の小山まで陣を進めた。ここでしばらく滞留し、上方の変化を待った。この時一番確実な情報をもたらしたのが、かれに従っていた大名山内一豊の妻である。山内一豊の妻はなかなかの才女で、大坂での石田三成の動きを細大漏らさず書き送ってきた。同じ手紙を二通書き、一通は夫に、一通は徳川家康に直接宛てて送った。家康は感心した。山内一豊が、後に土佐一国を貰うようになるのには、妻の千代の力が与《あずか》って大きい。これを本当の内助の功というのだろう。山内一豊の妻は、何もへそくりを貯めて夫に立派な馬を買って与えただけではない。こういう機微な活動がいたく家康の気に入ったのである。土佐一国は山内千代に与えられたといってもいいだろう。

この情報提供によって、家康は突然、

「上杉討伐は中止する。上方へ戻って石田三成を討伐する」

と作戦変更を伝えた。

「徳川軍が引き上げ始めました」

という報告を聞いた時、兼続は躍り上がって眼を輝かせた。すぐ主人の景勝に、

「追撃しましょう」と進言した。

「佐竹殿にも急を知らせ、力を合わせれば必ず家康を討ち取れます」

と熱っぽく迫った。が、いつもに似合わず景勝は首を縦に振らなかった。ジッと考えこんでいる。

「千載一遇の機会ですぞ。追撃しましょう」

部将の中には、

「石田軍が上方で勝利し、関東へ上ってきた時に家康を箱根の峠で挟み撃ちにすべきです」

などという者もいた。しかしいずれにしても、「この際、徳川家康を追撃すべきだ」という意見ではほとんどが一致していた。大将の景勝だけが考えこんでいる。やがて景勝は顔を上げると、兼続にこういった。

「おまえはわが父謙信公を尊敬していたはずだ」

「はい」

「謙信公は、敵を後ろから襲ったことは一度もない」

兼続は絶句した。しばらく景勝の顔を凝視していたが、やがてがっくりと肩を落とした。うなだれた。低い声でいった。

「その通りでございます」

「だからオレも、子として敵を後ろからは攻めない」

「わかりました……」

その時に勝機は去った。兼続はがっかりした。しかし、主人景勝のいうことにも一理あると思った。

(それが上杉家の武士道なのだ)

そうなった以上、できるかぎりのことをしようと考えた。

しかし関ヶ原で西軍が敗れた本当の原因は、秀頼が大坂城を出て三成側に味方しなかったことである。そうさせないように家康側が工作した。

組織縮小の中でのリーダーシップ

直江兼続のことを、後の世までも「名参謀」、あるいは「名臣」という。しかし兼続の行動は、逆の見方をすれば主家を滅亡寸前に追い詰め、さらに戦後処理として会津百二十万石を米沢三十万石に減俸させてしまったのだから、主人と上杉家の進む方向を誤らせたといえないことはない。

が、その後の兼続は、米沢に封じこめられた上杉家のために、都市づくりや新田開発などを積極的におこなう。かれは戦争のない国の地域興しに勤《いそ》しむ。なぜかれがそこまで熱心に米沢づくりに勤しんだかといえば、この段階ですでに、

「上杉家の越後への帰還」

という悲願を放棄したからである。上杉景勝の一言によって直江兼続はそれをあきらめた。

（これから、米沢の土地で最後まで生きぬくのだ）

と心に決めた。

戦後処理によって、上杉家は会津百二十万石から米沢三十万石に縮小転封される。この時多くの重臣たちが、

「思い切って家臣の大幅削減をしなければダメだ。あんな狭い土地では、いままでの家臣を養い切れない」

といった。景勝は首を横に振った。

「絶対にそんなことはしない。かれらはすべて上杉家に忠節を尽くした者ばかりだ。一人たりともクビにはできない」

以後、上杉家の苦難が始まる。しかし、どんな時にもその苦難の先頭に立ち、力強い言葉で、「新しい土地で生きぬくのだ。頑張れ」と、武士たちを励まし続けたのは兼続である。

現在、米沢市の上杉神社脇にある稽照殿《けいしょうでん》に、兼続の兜の前立てが保存されている。前立ては「愛」の一字である。

5 トップを支える危機管理

――〝処世術〟の根底にある揺るぎない信念〈細川幽斎〉

危機つづきの細川父子

細川幽斎《ほそかわゆうさい》は、戦国時代から江戸初期にかけて生きぬいた武将だ。足利家重臣の家に生まれたので、芸道方面に造詣が深かった。かれがこなした芸道は、歌道、書道、茶道、音曲、料理、礼式・有職故実《ゆうそくこじつ》まで及んでいる。とくに歌道については伝統のある古今集を伝授されている。何回か訪れた危機の中でも、最大のものが織田信長が明智光秀に殺された時と、関ヶ原の合戦である。

織田信長が明智光秀に殺された時、明智光秀は細川幽斎とその息子忠興に、

「味方してほしい」

と懇請した。光秀の娘玉が忠興の妻だったからである。玉は後にキリスト教に入信し、ガラシャという洗礼名を受けた女性だ。

しかし、幽斎は断った。

幽斎は信長に恩を感じ、髪を切って出家した。この時から、それまでの藤孝という名とは別に、幽斎という法号を名乗り始めた。

忠興も、

「たとえ舅《しゅうと》でも、光秀殿のおこないは主人に対する反逆です。与《くみ》することはできません」

といって、父の指示で玉を離縁してしまった。幽斎はさらに、

「玉が、実父に秘密を漏らすと困る」

といって、近くの山中に監禁した。

この一連の行動を見て、恩義を感じたのが豊臣秀吉だ。秀吉は天下を取った後も、この時の細川父子の行動に感謝し、重く用いた。しかし織田信長が死んだ後の細川幽斎は、決して武将として行動することなく、その方面の仕事は全部息子の忠興に任せた。自分は芸道一途に生きて行く道を選んだ。忠興の妻玉は秀吉の仲介によって復縁した。

豊臣秀吉が死んで、徳川家康と石田三成の争いがきっかけになった関ヶ原の合戦で、幽

斎はまた危機に陥る。

家はすべて忠興に譲っていたので、領地に二つの城をつくり、幽斎は丹後（京都府）の田辺城にいた。息子の忠興は宮津城にいた。二人ともすでに徳川家康に味方することに決めていたので石田三成方の軍勢が押し寄せてきた。

このとき細川父子を襲った危機は二つあった。一つは、直接石田軍が宮津城と田辺城を攻め立てたことである。忠興は家康に従って会津の上杉攻めに参加していた。もう一つは、大坂においてきた忠興の妻玉が危機に陥ったことだ。石田三成は、

「徳川家康は、いま自分と心を合わせて蜂起した会津の上杉景勝を攻めるために、多くの大名を率いて東国に向かっている。大坂には、家康に従った大名の妻子が残されている。これを人質として大坂城に入れよう。家康に従った大名の気持ちが揺らぎ、こっちの味方をしてくれるかもしれない」

と目論んだ。そこで大坂にいた大名の妻子を次々と人質として捕らえた。玉も狙われた。しかし玉は、

「夫の命がないかぎり、大坂城に入ることはお断りします」

と気丈にも拒んだ。石田軍は武力をもって恫喝した。進退極まった玉は、重臣の一人に

自分の胸を突かせて死んだ。カトリックの教えで、信者は自殺することを許されなかったからである。この悲報を受けながらも、幽斎父子は心を変えなかった。

幽斎は宮津城の城兵を田辺城に入れて統一した。文化大名幽斎が城の死守の指揮をとりはじめた。

身を救った芸道

この時、田辺城に時の帝の後陽成天皇が勅使を派遣してきた。後陽成天皇の弟に八条宮智仁親王というのがおり、この智仁親王が細川幽斎にずっと和歌を習いつづけていた。親王は、幽斎が古今集を伝授されたことを知っている。

「このままにしておくと、もしも幽斎殿が戦死するようなことがあったら、古今集伝授が絶えてしまう」

と憂慮した。そしてできれば自分が伝授を受けたいと思った。そこで兄の天皇に頼み、

「至急勅使を田辺城に派遣して、古今集の伝授をしていただきたい」

と頼んだ。天皇はこれを了として勅使を派遣した。勅使は城に入って、かくかくしかじかと訳《わけ》を話し、幽斎から古今集の伝授を受けた。

古今集を伝授された勅使は、一公家だったがなかなか勝ち気な男で、城の外に出ると攻め手にこういった。

「わたしは天皇の命によって、ただいま細川幽斎殿から古今集を伝授された。ということは、八条宮だけでなく後陽成天皇も細川幽斎殿の歌の門人だということになる。その歌の師を各々方は攻め立てるというのか？　もしそのようなことをすれば、各々方は朝敵になるぞ。それでもよろしいか？」

と迫った。単身でこれだけの大口を叩いたのである。寄せ手はびっくりした。寄せ手の大将は、

「突然そんなことをいわれても、自分の一存ではいかない」

そういって、至急使いを京都に送った。石田三成もこれには弱った。

天皇の方も強腰で、

「古今集を伝授されたからには、勅使が申したように細川幽斎は朕《ちん》の歌の師である。攻め手に攻撃をやめさせ、幽斎自身も城から出るよう取り計らえ」

と命じた。再び、勅使が走ってこのことを田辺城内の幽斎に伝えた。幽斎は固辞した。

「わたくしも武門の隅に身をおく者でございます。芸道は確かに身を助くるものでござい

ますが、歌道によって武門の道に背いたといわれては、やはり千載に恥を残します。どうか、このまま戦うことをお認めください」

しかし勅使は、

「天皇の命である」

といって聞かない。寄せ手の方も勅使の言葉に、囲みを解いた。これが慶長五（一六〇〇）年九月十二日のことである。そして幽斎が城を出たのは十七日のことだった。十五日に関ヶ原の大激突が起こり、徳川家康軍が勝利を収める。石田軍は敗退した。家康は、

「ご老体の身をもって、よくぞ田辺城を最後まで支え石田軍を引き止めてくださった」

と幽斎に感謝した。ここでもまた、芸道がかれ自身の危機を救ったのである。

〝本気〟こそ最大の危機管理

こうして見ると、細川幽斎は自分の趣味を活用して、危機が訪れるたびにそれを見事に管理し克服したといえるだろう。ところが、幽斎自身にすればそんな考えはなかった。

こんな話がある。豊臣秀吉は、天下人となると芸事にいろいろと手を出した。とくに連歌が好きだった。連歌というのは、一種の知恵比べだ。トンチを歌に詠み込んで、頭の良

さを競い合うゲームのようなものだ。あるとき秀吉が、

「蛍が鳴く」

という句を詠み込んだ。脇でこの連歌会に加わっていた里村紹巴《さとむらしょうは》という歌のプロが異議を唱えた。

「おそれながら、殿下」

「何だ?」

「申し訳ございませんが、蛍は鳴きません。何かのお間違いでございましょう」

「うむ?」

秀吉は里村を見返したが、すぐ脇にいた細川幽斎の顔を見た。天下人がいったん口に出した以上、たとえ専門家にそれは間違いだといわれても、秀吉には訂正する気はない。秀吉の眼は幽斎に、

(この危機を救え)

と告げていた。秀吉の気持ちを知った幽斎は、里村紹巴にこういった。

「蛍が鳴いても少しも差し支えはないのではございませぬか」

「なぜでしょうか?」

秀吉の歌の指導者として、細川幽斎に深い敬意をもちつつも、プロとしての面子《メンツ》もあって、紹巴は居直った。幽斎は微笑みながらこういった。

「千載集の中に、こういう古歌がございます。

武蔵野に　しのをつかねて降る雨に　ほたるならでは　鳴く虫もなし

また、

おく山の　くち木の洞になく蛍　声なかりせば　これぞ狐火

明らかに蛍が鳴いております。殿下はおそらくこのことをご存じで、あえて蛍が鳴くとおっしゃったのだと思います。差し支えないと思いますが？」

自信たっぷりな幽斎の言葉に、里村紹巴は言葉を失った。渋々、

「恐れ入りました。とんだよけいなことを申し上げまして、どうかお許しくださいませ」

と平伏した。秀吉は満足そうに、

「そうか、蛍も鳴くことがわかってよかった」

そういってチラリと幽斎の顔を見、

（ありがとうよ）

と感謝の色を浮かべた。その場を去って別室に来ると、里村紹巴はたちまち幽斎に食っ

てかかった。

「細川殿」

「何ですか？」

「先ほどのお話、わたしにはどうも納得できません。あなたが例にお引きになった千載集は、わたくしは隅から隅までいままで何回も読み返しております。あなたがお口にされたような歌は、どこにも見当たりません」

これを聞くと幽斎は、

「おや、そうですか」

と笑い出した。紹巴はキッとなっていった。

「何がおかしいのですか？　千載集にない歌を、古歌にもあるなどとおっしゃって、殿下をあざむきたてまつることになりますぞ。一体、あの歌はどこからお引きになったのですか？」

迫ってなじる紹巴に、幽斎はこともなげに答えた。

「あの場におけるわたしの即興ですよ」

「えっ？」

紹巴はあきれて眼を見張った。

「あの場でおつくりになった歌ですと?」

「そうです」

うなずくと、幽斎は紹巴の方へ向き直った。

真顔になってこういった。

「里村殿、いまの秀吉さまは関白でいらっしゃる。この世でただ一人の権力者であらせられます。その天下人が、蛍に鳴けとおっしゃれば蛍も鳴きましょう。鹿に光れとおっしゃれば鹿も光ります。そのくらいのご威光がおありです。あの場合はわたしのトンチであのようにいたしましたが、もしあなたがご自分の説におこだわりになって、あくまでも殿下に盾をおつきになり、お怒りになった殿下が、今後連歌の会など開かぬ、また余の者にも開かせぬ、とおっしゃったとすれば、あなたは失業するではありませんか」

といった。この言葉は紹巴には響いた。胸をグサリと突かれた思いだった。紹巴はうつむいてしばらく考えた。やがて顔を上げると、張っていた肩から力をぬき、こういった。

「おっしゃる通りです。細川殿が正しい」

「おわかりになれば、それでよろしい。これでわたくしも当分は殿下のお側で、歌の道でお仕えできます。ご一緒に頑張りましょう」

紹巴に対する言葉の中に、細川幽斎の芸道観が表れている。つまり幽斎がいったのは、

「プロならば、その道に徹しなさい」

ということである。ということは幽斎自身も、

「自分は本業の余技として芸道を学んでいるわけではない。芸道に対する姿勢も本気なのだ。心を打ち込み、努力をしてそれなりの成果を得るべく精進している。決して片手間のないがしろな仕事ではない」

ということである。

“誰”のために仕事をするか

ずいぶん前に、

「リエンジニアリング」

という言葉が流行った。その前にリストラクチャリングという言葉が流行りまくっていたが、これとどう違うのかよくわからない。

「根本的な見直し」

ということらしい。しかしリストラクチャリングも仕事の根本的な見直しをおこなわなければ、経営改革はできないのだから、この二つの言葉は、お互いに姉と妹のような関係にあるのだろう。しかし、なぜこういう言葉が流行るかといえば、根本的にはIT時代になって、

「お客のニーズ」

が非常に掴みにくくなってきたからではなかろうか。つまり、マーケティングによって掴むニーズだけでは、事業の根本方針が立てにくくなってきたということだ。それだけ客の方が、IT活用で自分の価値観をモノサシにしてモノやサービスを選ぶから、一体どういうところに価値をおいているかということが掴みにくい。それも客の個別化が加わるからよけい至難になる。

そうなると、いままでのように一律一辺倒なモノのつくり方や、サービスの提供をしていても客の方がそっぽを向くということだ。アメリカでは少し前から、

「CS活動」

が盛んになり始めたという。日本語に訳すと「顧客満足」ということだそうだ。こんなことは当たり前で、日本ではずっとやっている。アメリカでは併せて「ES活動」という

のも注目されているという。「従業員満足」ということだ。こんなことも、日本ではとっくに実行している。

ずっと前の話だが、アメリカのある自動車会社の重役が日本にやってきて、日本の自動車工場を見学した。その時、彼が驚いたことがある。

・日本では、ホワイトカラー（事務系）とブルーカラー（現場労務者）とが一緒になって議論している
・組合も一つだ。経営者に対する組合交渉も両方が一緒になっておこなっている
・昼になると、ホワイトカラーとブルーカラーが一緒に飯を食べている

この重役の経験では、こんなことはアメリカではありえない。アメリカでは、
・ホワイトカラーとブルーカラーは、はっきり分かれた労働者だ
・組合もそれぞれ別だ
・したがって、経営者との交渉もそれぞれがおこなう。つまり同じ要求を出されても、経営者側はホワイトカラーとブルーカラーの組合にそれぞれ回答し、交渉を続けるということをやっている
・会社の門を入る時も、ホワイトカラーは正門から、ブルーカラーは脇の門から入るとい

うような会社もある

・ホワイトカラーとブルーカラーが、同じ食堂で並んで昼飯を食べるなどということはありえない

いまの日本の労働者からすれば、こんなことは明らかに差別だ。幸いにして、戦後社会に育った人たちはこんな経験はしていない。つまり当たり前になっている。ところが日本での当たり前のことが、アメリカでは逆に〝進みすぎた労使関係〟なのだ。

はっきりいえばアメリカの方がこういう関係は遅れている。その遅れた国が、いまさら、

「CS活動」

だとか、

「ES活動」

だとかいっても、日本側はそれほど気にすることはなかろう。むしろ、進んだ日本の労使状況を、もっと胸を張って威張っていいのではなかろうか。

「過度な軍備を放棄し、戦争なんかしないからこれだけ豊かになり、同時に豊かになったからこそ人間の精神がここまで進んだのだ」

そのことは、もっといえば、

「日本の経営者や働き手は、いつも〝お客のために〟ということをモットーにしている。これが、日本の働き手の職業倫理なのだ。世界ももっと真似をした方がいい」

と、声を大にして告げてもいいだろう。

「仕事以外の趣味をもて」の真義

しかし、進んだ日本の経営者は前に書いたように、

「客が一体、いま何を求めているのか」

ということで頭を悩ませている。

「仕事だけではダメだ。働き手は趣味をもて」

などというのは、実をいえば、この、

「客が何を求めているかわからない」

という事実に対して、一歩でも客に迫りその本心を探ろうという気持ちがないとはいえない。つまり、

「趣味をもて」

というのも、経営戦略の一環と思われる。

現在の客は、本体では勝負しない。プラスアルファで勝負するといわれる。つまり、自分の価値観でモノやサービスを選ぶ時に、

「本体部分は他と変わらない。他のところで売っているモノやサービスと、ここで売っているモノやサービスとにどういう差異があるか」

ということを比較し、その〝差異〟で選ぶといわれている。しかしこの差異というのは、簡単にいえば〝らしさ〟のことなのだが、企業経営における、

「差異化・区別化」

にかなり頭を悩ませる営みなのだ。

「仕事以外の趣味をもて」

ということも、本当のことをいえば、この複雑な客のモノサシを探るための戦略ではなかろうか。したがって、趣味をもてということも、経営者にすれば、

「本業に役立つ趣味をもつことがのぞましい」

というのが本音だろう。個々の組織員が、仕事以外の趣味をもっても、それが本業にフィードバックされ、少しでも客が何を求めているかを知る手掛かりにしようということではないだろうか。そうなると、単純に趣味をもてといわれても、そのまま文字通り受け止

めていいかどうかは疑問だ。中には、

「そんな経営戦略に利用されるのなら、別に趣味なんかもちたくない」

とヘソの曲がった考え方をする人も出てくるだろう。これは当然だ。

細川幽斎の場合はそうではない。かれは、もともとは本業に役立てようと思って、風流の道を志したわけではあるまい。それはそれとして別な次元を組み立て、本業で疲れた時にその次元の中で憩うことが、活力を再生し、本業でさらに効果のあるような仕事をさせるパワーを生んでいたといっていい。

ところが、世間の方はそうは見なかった。普通なら本業があって趣味をもち、その趣味の方が名が高まってくると、

「あの人は二足のワラジを履いている」

といわれる。ところが、こういういわれ方に対し、幽斎は首を横に振った。かれは、

「自分が履いているのは二足のワラジではない。一足のワラジだ。本業と趣味をそれぞれ左足と右足に履いているのだ」

といった。

この幽斎の考え方は重要だ。そしてこの考え方こそが、かれを織田信長・豊臣秀吉・徳

川家康と三人の天下人に最後まで失敗することなく仕えぬかせたのである。もちろん、そういう幽斎の生き方を見て、

「細川幽斎は世渡りがうまい」

とか、

「幽斎は処世術の巧者だ」

という見方もある。そのこと自体は否定できない。しかしこういう批評の中には、半分は嫉妬、憎悪のようなものがないとはいえない。つまり、自分にできないから、できる人間に対して羨望の念をもち、悪口をいうのだ。しかし幽斎にすれば、自分が風流の道を志したのはあくまで純粋な動機であって、

「風流の道を極めて、得をしたい」

ということではない。そっちはそっちで骨を削るような努力をする。結果として、その努力が本業の方にフィードバックされれば、別にそれを拒むことはないという考えだった。

だからこそ、プロの里村紹巴に対して、

「芸道一途に生きていくのならば、それがあくまでも保てるような努力工夫をしろ。それがプロではないか」

と叱ったのだ。アマの幽斎がプロの紹巴に対してこんな口がきけるのは、幽斎自身が、

「オレの芸道は余技ではない。本道なのだ」

と考えていたからだ。

風流に命を懸けて

こんな例がある。豊臣秀吉は、本当は「征夷大将軍」になりたかった。しかし、このポストは天皇の許可事項であって、しかも資格が「源平藤橘」にかぎられた。源平藤橘というのは、源氏、平氏、藤原氏、橘氏のいずれかの出身者でなければならないということだ。しかし、上昇志向の強い秀吉は、

「それでは征夷大将軍に代わる高い位が欲しい」

と考えた。このとき知恵を貸したのは、おそらく細川幽斎である。幽斎は、

「いっそのこと、公家の最高ポストを得られたらいかがですか？」

と勧めた。公家の最高位というのは、いうまでもなく関白太政大臣だ。秀吉は眼を輝かせた。幽斎が、

「関白太政大臣は、征夷大将軍に対する指揮権をもっています」

といったからだ。

「そうか。関白太政大臣の方が征夷大将軍より偉いのか?」

「そうです」

「では、オレがその位をもらえるようにおまえが朝廷に工作しろ」

「かしこまりました」

こんな会話があって幽斎は、朝廷工作を始めることになった。幽斎自身は、室町将軍である足利家に仕えた名門の出身だ。したがって、朝廷にも知人が多い。かれは工作を始めた。しかし、公家の中には意地の悪いヤツがいる。幽斎が、貴族出身でありながら、いまは織田信長だとか、豊臣秀吉のような得体の知れない人間の部下になっていることを妬んでいる者もいる。

ある日幽斎が御所に行くと、数人の公家がグルリと幽斎を囲んだ。幽斎が御所の階段を上がろうとすると、公家の一人がいきなり後ろから突き飛ばした。幽斎はころんだ。すると幽斎を突き飛ばした公家がこんなことをいった。

「幽斎殿。あなたは大変な和歌の名人だと伺っている。こういう時に、ぜひ一首詠んでいただきたい」

振り向いた幽斎はニコリと笑った。そしてこういった。

「とんと突く　コロリところぶ幽斎が　いかでこの間に歌を詠むべき」

(あなたに突き飛ばされてとんと手を突き、コロリところんだわたしが、どうしてそんな短い間に歌を詠むことができるでしょうか)

そういいながら、ちゃんと一首の歌にしている。

幽斎のトンチに、公家たちはあきれた。思わず顔を見合わせた。感嘆の声を洩らした。

「さすが幽斎殿だ。突き飛ばされてころんだ瞬間にも、ちゃんと歌をお詠みになった」

幽斎を突き飛ばした公家も素直に謝った。

「申し訳なかった。あなたの風流心がそこまで高いことを知らなかったので、ついご無礼をした。許してください」

「いいえ、どうぞ気になさらないでください」

何ということはない話だが、実は重大な意味をもっている。というのは、幽斎のこのトンチと風流心がその後の朝廷工作をスムーズに進めさせたからだ。かれを突き飛ばしたりあざ笑ったりしていた公家たちは、この一事によって幽斎の味方になった。もともと豊臣秀吉が関白太政大臣になるなどという話は、公家たちから見れば噴飯物だ。

「秀吉という男はどうかしているのではないか」

と、その資格を問題にするだろう。

が、幽斎のトンチによって公家たちは幽斎と親しくなり、いろいろなことを聞いた。御所の中にいてはわからない世間の流れというものも知った。

「秀吉殿はいま、日本最大の実力者です。あの方に関白太政大臣のポストを与えれば、天皇さまやあなた方に対しても相応の礼を尽くすと思います。いまは御所内の関白太政大臣のポストはどちらかといえば、有名無実になっております。みんなが得をするのならば、秀吉さまにそのポストをお与えになっても別に損はないでしょう」

と告げられた。公家たちは顔を見合わせ、相談し、そして、

「幽斎殿のいう通りかもしれない」

と考えるようになった。公家たちの気持ちが一致したので、天皇も許可した。

朝廷はついに羽柴秀吉に関白太政大臣のポストを与えた。細川幽斎の功績は大である。

秀吉は感謝した。

「さすがはおぬしだ。しかし、おぬしは御所にずいぶんと顔がきくな」

といった。しかしこれは幽斎の家が足利将軍家の重役として代々名門だっただけではな

い。幽斎自身の風流心が本物だったからである。突き飛ばされて歌を詠む瞬間、幽斎の心は緊張のあまり、おそらく失禁するような状態だったに違いない。しかしかれにすれば、（いまここでしくじれば、秀吉さまの関白太政大臣のポストはフイになる。そういう重大な責任を自分は負っているのだ。しかもその責任は、あげて自分の風流心にある）という自覚があった。

そうなると、突き飛ばされた瞬間に歌を詠むか詠まないかは、単なる細川幽斎個人の問題ではなくなる。主人の豊臣秀吉がポストが得られるかどうかの分かれ目にもなるのだ。その意味では風流人ではあったが、幽斎は風流をおこなうために自分の生命を懸けていたといっていい。命懸けで歌を詠んだのである。だからこそその態度が、かれに意地悪をした公家たちの心を打ったのだ。

潔い出処進退

風流を志している人間のもう一つの特色は、進退が潔いということだ。身ぎれいだ。ともすれば権力の座につくと、いつまでもその座にしがみついて退きたがらない。多少のことがあっても責任を逃れる。

「あれは自分がやったのではない」

と強弁する。しかし細川幽斎は進退が潔かった。

織田信長が明智光秀に殺された直後、幽斎は頭を丸めて出家した。幽斎というのは、その時に名乗った号である。そして一切の俗世間における行動を停止した。

「今後は一介の遁世者として、芸道をもって生きぬいていく」

と、武士の仕事をすべて息子忠興に譲ってしまった。しかし、だからといって幽斎はそれまでの仕事を全部放擲《ほうてき》したわけではない。それまでの仕事というのは豊臣秀吉に仕えるということだ。隠居した幽斎は、その仕事はつづけた。

このことは裏を返せば、幽斎は、

「武士の仕事には、二つある。一つは合戦で主人に仕えることだ。これには武士として武技が必要になる。もう一つは、主人の心の支えになることだ。いってみれば、心の補佐役になることだ。それには教養と知識を身につけなければならない。自分は今後、芸道をもって秀吉さまに仕えていく」

ということである。そしてもっといえば、

「自分は芸道だけでも十分秀吉さまに仕えていける」

という自信の表明でもあった。このことは、いわゆる本業人間と趣味人間とに分けると成立しない考えだ。細川幽斎が、

「自分がやっていることには本業も副業もない。両方とも一つのものを、ただ、たまたま柱立てを別にしているだけだ」

という、いままで何遍も繰り返した考え方をきちんともっていたからである。

非情ともいえる危機管理の果てに

ところがかれの息子忠興は、いわば〝鬼っ子〟とでもいってよく、父親の風流心にいっこうに理解を示さなかった。

「父は武技を学ばずに、歌ばかりつくっている。本当の武将ではない」

と考えていた。

息子の忠興はひどく短気だった。こんな話がある。

あるとき忠興が家の中で妻の玉と食事をしていた。庭で植木職人が松の剪定をしていた。ところがどうした弾みか、植木職人がその松の木の下に転落した。すごい地響きがした。怒った忠興は出ていくと、いきなりその植木職人を斬り殺してしまった。そして、血の滴

る首をもってきて、玉の脇においた。

ところが玉は身動きもしない。そのまま平然と食事をつづけている。忠興は驚いた。こういった。

「おまえは冷たい女だな？　人間ではないな。蛇か？」

すると玉はこう答えた。

「罪のない者を殺すのは鬼でございます。人間ではございません。鬼の亭主には蛇の女房がふさわしゅうございましょう」

これには忠興も目をむいてあきれた。口を開いたまま玉を見つめていた。

(何というしっかりした女なのだ)

この夫婦はそういう関係だった。

こういうことを見ていた幽斎は苦しんだ。

(もっと二人は心を通わせなければダメだ)

それには亭主の忠興の方が、少しは父親の真似をして風流心に心を注ぐことが必要ではないのか。そうすれば、もっと人間的な感情が胸に湧いてくるだろうと思った。そこで何度も、

「おまえも少しは歌を学んだらどうだ？」

といった。ところが忠興は笑い捨てる。

「お断りいたします。歌など武士には何の役にも立ちません」

「そうかな。父を見ていて歌が必要だと思わないか？」

「思いません。第一、わたしにはそういう才能がありません。歌は全部、父上にお任せします」

「歌は才能ではない。心構えだ。おまえの心がもっと柔らかくなるようにわたしは歌を勧めているのだ」

「現代は混乱の時代です。心が柔らかくては生きぬけません。わたしはいまのままで結構です」

父親は苦笑する。そして、

（いまの状態では、何をいっても無駄だ）

と感じた。しかしあきらめたわけではない。

「忠興も風流心を身につけないと、これからの世の中で通用しない。積み残されてしまう」

と考えていた。

風流心が強いだけあって、幽斎は世の中の動きに対する感覚が鋭い。ピンピン張り詰めた感覚で受け止める状況を分析すれば、幽斎には、

「これからの日本がどう変わっていくのか」

ということがよくわかる。最も大きいのは、

「日本は二度と内乱を起こさないような平和な国になる」

ということである。そういう時に最も大事なのは、平和の下における国民生活の推移がどうなるかということだ。おそらく衣・食・住の各方面にわたって、いろいろな工夫がされるだろう。そのことはとりもなおさず、人間の心が豊かになるということだ。

「衣食足りて礼節を知る」

という言葉がある。

しかし幽斎は、織田信長や豊臣秀吉のような優れた天下人のやったことを見ていると、

「これからの日本は、衣食足りて文化を知るようになる」

と感じていた。

そのことは、信長や秀吉が展開した文化政策によっても明らかだ。信長と秀吉は、「茶道」を核にして文化政策を展開した。安土文化であり桃山文化である。この政策によって、日

本国内の内需が一斉に高まった。経済が伸びた。

幽斎は忠興の妻玉に対して心の負い目を負っていた。それは前述したように、明智光秀が主人の織田信長を殺した後、すぐ幽斎のところに使いをよこした際に、明智光秀の申し出を蹴ったからだ。

「味方できない」

そういって、頭を丸めてしまったのである。この時、忠興に、

「玉を離縁せよ」

と命じた。玉を愛していた忠興は苦しんだ。しかし父の命令は単に個人的なものではない。これからの細川家を生き延びさせるためには、やむを得ない処置だ。忠興は泣く泣く玉を離縁した。

幽斎は、ただ離縁しただけではすまさなかった。

「玉は、細川家の内情をよく知っている。天下が静まるまで、山中に閉じこめよ」

その頃の細川父子は、丹後に城を与えられていた。近くの山に玉は閉じこめられた。このとき悲しんだ玉は、父の明智光秀に、

「細川父子殿は、まるで鬼のような方です。わたくしをこんな酷い目に遭わせています」

と泣きの手紙を送った。明智光秀は怒った。が、光秀は三日天下といわれたようにすぐ羽柴秀吉に滅ぼされてしまった。

結果として細川幽斎の選んだ道は正しかったといっていい。いまの言葉を使えば、

「細川家の危機管理に成功した」

ということである。

とはいえ、個人的には家族内に傷跡を残した。とくに玉に対して、幽斎もこだわりをもった。風流心に富んだ人間だから心が柔らかい。

（罪のない玉には本当に悪いことをした）

と考える。それだけに息子の忠興が、夫としてあまりにも妻の玉に荒々しい気持ちを保ち続けているのを見ると、玉が哀れになってくる。

（山に閉じこめられたあのときの玉は、どれだけ孤独だったかわからない。それを慰めるためにも、亭主の忠興がいまからでも遅くはないのだから、もっと優しい心をもたなければダメだ）

そのためには、少し風流心を志して歌の一つも詠むようになればいいと願うのだ。玉はあの時、あまりの淋しさにキリシタンになってしまった。ガラシャという洗礼名をもらっ

た。ガラシャというのは〝神の恩寵〟という意味である。

幽斎の決断を支えたもの

その後、関ヶ原の合戦を前に田辺城を死守していた時、幽斎の頭の中には一つの光景があった。それは田辺城からは天の橋立が近い。海中に伸びた島状の岬に松の木が植えられていて、日本の三景と呼ばれる。

外海の波は、天の橋立の岬の先から湾の中に流れこんでくる。激しい勢いで陸地に押し寄せる。陸地に小さな岩場があった。その岩場が、天の橋立の岬が第一次的に弱めた外海の波を、もう一度ここで食い止める。そのために岩場の後ろの陸地には、絶対に海水が浸蝕しない。

幽斎は、独特な感覚でその光景をとらえた。いまその岩場の姿が、かれの脳裏の中にそそり立っていた。幽斎は心を固めていた。「自分はあの岩場のようになろう。狭い場所だが、あの岩場が頑張っているかぎり、外海の海水は絶対に陸地を襲えない。田辺城はあの岩場なのだ」。

何十倍もの石田軍を目の前にしながら、幽斎はそう考えていた。こんなところにも歌人らしいかれの詩精神が発揮されている。普通の武士が受け止めるような事態認識はしない。これが逆にいえば、普通の人間ならこんな危機を迎えてポキリと折れてしまうような精神を、強靭なものにする。詩精神は幽斎にとって強力なバネであった。

やがて、前述したように、田辺城を取り囲む石田軍に対して、天皇は勅使を立てた。

「細川幽斎を攻めることは天皇が許さない。即刻、細川と和睦せよ」

ということである。幽斎もさすがに参った。

(そこまで帝をお悩ませしていたのか。かしこい極みだ)

と恐れ入った。そこでかれは城中の部下たちに、

「天皇の命令に従う。城を明け渡す」

と告げて、門を開いた。部下たちは泣いて悔しがったが、普段からの幽斎の性格を知っているので従った。寄せ手の軍も黙って一行を通した。幽斎一行はそのまま丹波の亀山城に入った。

敵が攻め始めた七月二十日から九月十二日に至るほぼ六十日に及ぶ籠城であった。わずか五百の兵で一万五千人の攻め手に対してこれだけもちこたえたのである。この一事だけでも、細川幽斎が単なる趣味大名でないことがわかる。

「詩精神は武器よりも強い」

関ヶ原の合戦後、忠興ははじめて、

(歌はバカにできない。歌の底にある風流心が父を救ったのだ。風流心は危機を克服する)

としみじみ思った。そこで、父のところに行って、

「これから歌を教えてください」

と頼んだ。幽斎は苦笑した。

「本当に心から歌を習いたいのか？」

「はい。今度の一事を見ていて、つくづく歌の力の恐ろしさを知りました。武器なき歌が父上を救ったのです。いや、そうではなく、父上の歌の心が細川家の危機を克服したのです。刀や槍以上に風流心は力を発揮します」

「やっと気がついたか」

幽斎は満足気にうなずいた。息子がいった、

「詩精神は武器よりも強い」

という一言が気に入ったからである。

不況時を克服するために、いま、リストラとかリエンジニアリングとかが盛んだが、やはりそういう営みの底には、こういう詩精神、すなわち理念がきちんととらえられることが必要だろう。赤字の辻褄合わせですませたのでは何の意味もない。そういう時こそ、

「災い転じて福となす機会」

として、本格的に事業を洗い直し、新しい状況に応じた理念を確立し、それを実行していくスタートにすべきではなかろうか。細川幽斎の歌による危機管理の数々は、そんなことも教えてくれる。

トップに従い、トップに振り回されない

風流心というのは、こういうように危機克服に思わぬ力を発揮するが、同時にまた勇気ある行動を起こさせる。

関ヶ原の合戦の少し前、まだ豊臣秀吉が生きてた時に、足利最後の将軍義昭が病気になった。義昭は徹頭徹尾、織田信長に逆らって、ついに京都から追われた。足利義昭によって室町幕府は滅びる。義昭はあちこち放浪し、

「無礼な織田信長を滅ぼしたい。力を貸してほしい」

と、いろいろな大名に頼んだが、大名たちは首を縦に振らなかった。義昭は最後に、備後（広島県）の鞆《とも》に行った。ここは、先祖の足利尊氏が軍議を開いたゆかりの地である。

慶長二（一五九七）年の夏になると、

「足利義昭さまが重体です」

という報告を受けた。

「お見舞いに行ってくる」

幽斎はそう告げた。周りの者はびっくりした。

「義昭さまは事情のあるお方です。いま、太閤殿下（豊臣秀吉のこと）のご意向を尊重して、義昭さまのお見舞いに行く人は一人もおりません。おやめになってください」

家の安泰のためには、そんなことはしない方がいいという周囲の判断であった。しかし幽斎は首を横に振った。

「わたしが普通の大名だったらおまえたちの言葉に従う。しかし、わたしの心の底には風流心がある。歌の心がある。その心が義昭さまのお見舞いに行けと命じている。この命令に従わないわけにはいかない」

周囲は弱って顔を見合わせた。しかし幽斎はいい出したら聞かない。好きにさせようということになった。

鞆まで行った幽斎は懇《ねんご》ろに義昭を見舞った。義昭はすでに幽斎に対する遺恨を忘れていた。明智光秀とともに、かつては自分の部下でありながら織田信長に走り、その部下の豊臣秀吉の家臣になった幽斎である。義昭の胸にはいままでいろいろな思いがあった。が、体が弱って誰も振り向かなくなったいまの存在に、わざわざ見舞いにきてくれた幽斎には心の底から感謝した。

「かたじけない。いま、わたしを見舞ってくれるのはそなただけだ」

義昭はそういって幽斎の手を取り、涙を流した。そして幽斎が去ってから数日後の八月二十八日に、足利義昭は死んだ。

義昭の葬儀は京都でおこなわれた。先祖の尊氏をまつった京都の等持院でおこなわれた。このとき関係者が豊臣秀吉のところに行って、義昭の死を告げ、

「祭壇をつくりたいので、等持院の大工二人をお貸しください」

と頼んだ。しかし秀吉は、大工一人の使用しか許さなかった。秀吉も義昭に対して何らかのこだわりがあったのである。

肝心の秀吉がそういう態度を取ったのでは、たとえ足利義昭に関わりのあった大名たち

にしても、通夜や葬儀に出るわけにはいかない。

「そんなことをすれば、秀吉公のご機嫌が悪くなる」

自分の将来を考えると、やはり黙って見過ごした方がいいという判断になった。互いに相談し合って、

「足利殿の通夜・葬儀は、出席を見合わせよう」

ということになった。そういう中で、幽斎は自分自身は出られなかったが、孫の忠利（肥後熊本の初代藩主）に命じ、自分と息子忠興の分として多額の香典を届けさせた。忠利には焼香を命じた。これには周りがびっくりした。

「また幽斎が横車を押し通している。太閤殿下のお怒りを被るぞ」

とささやき合った。秀吉ももちろんこのことは聞いた。が、かれは、

「気にするな」

と、バタバタ騒ぐ周りの者たちを止めた。これ以上こだわったら自分の器量の小ささがいよいよ世間に知れる。黙って笑って見過ごした方が、

「さすが秀吉公だ」

という評判を立てる。細川幽斎は何が起こっても着々と点数を稼いでいる。しかし、そ

うさせるのは、幽斎の心の根にある風流心であり、同時にそれが大きな勇気を奮い起こすのであった。

“生き方上手”がもちあわせていた勇気

関ヶ原の合戦の論功行賞で、徳川家康は細川忠興に豊前（大分県）中津三十九万石を与えた。父の幽斎の分を含めてである。豊前中津はそれまで黒田如水の領地であり、幕末には福沢諭吉を生んだ土地だ。

しかし幽斎は、そのまま京都に住居を定めて中津には住まなかった。

このへんが幽斎の先代としての偉いところだ。つまり、かれにすれば、

「徳川家康公が中津をくださったのは息子の忠興に対してだ。であるならば、先代は当主に対していちいち差し出がましいことをすべきではない。それよりも好きな京都にいて、自分らしさを発揮すべきだ。自分らしさを発揮するということは、持ち前の風流心を生かして、それを息子のために役立たせることだ」

と考えた。

だから、かれが死んだのも京都で、息子の忠興も孫の忠利も臨終に間に合わなかった。

幽斎の生き方はそれほど徹底していた。

これもなかなかできないことである。たとえ隠居しても、普通の人間だったら息子の忠興にいうだろう。

「おまえが中津三十九万石をもらったのは、おまえの手柄だけではない。オレが田辺城で一万五千人の寄せ手を食い止めた分も入っている。だから、何もかも自分の思い通りに経営がおこなえると思ったら大間違いだ。オレも丈夫だから、これからも細川藩政についてはいろいろと口を出すぞ」

くらいはいったに違いない。しかし幽斎は絶対にそんなことはしなかった。

「細川家の経営は、すべておまえに任す」

そう告げて中津には近づかなかった。かれ自身は、京都で悠々自適の生活を送り、花の咲く頃は鞍馬山に登ったり、高野山に登ったりして過ごした。家康はこの幽斎の態度に感心し、

「室町家代々の家式について知りたいので、ひとつそういう書物をまとめていただけないか」

と頼んだ。幽斎は喜んだ。そして、

「自分は信長さま、秀吉さま、家康さまと三人の天下人に仕えてきたが、自分の知識や学問を最も有効に役立ててくださるのが家康さまだ」

と感じた。

信長も秀吉も幽斎に対してはいろいろと面倒を見てくれたが、どちらかといえば自分たちが天下人になるために、幽斎が京都御所にもっているコネを利用するのが主だった。家康は違った。ましてや、細川家と関わりの深い室町家の格式について、いろいろ調べ、それをまとめる機会を与えてくれたというのは願ってもないことだった。幽斎は夢中になってこの仕事に力を入れる。そして、慶長十二年二月に『室町家式』三巻を完成させて家康に献上した。家康は、手に取って頁《ページ》を繰りながら眼に喜びの色を浮かべた。

この仕事が終わった直後、幽斎は豊前に下った。そしてめずらしく二年半ばかり中津にいた。中津にいたときも、精力的に付近を歩き回った。

慶長十四年の十月に再び京都の住居に戻ってきた。一年足らずの翌十五年八月に、京都三条の館で死んだ。七十七歳である。

「細川幽斎は、生き上手だった」

というレッテルが貼られている。そういう一面があったことは事実だ。しかしそうさせ

たのは、あくまでもかれの風流心である。かれの風流心は、

・常に進退を潔くさせた
・行動に余裕を添えた
・それが危機管理に役立った

などという特性が挙げられるだろう。

普通、風流心といえば、どこか文学性が前に出て弱々しい感じを与える。とても勇気ある行動などできないような印象を与える。しかし細川幽斎の場合は逆だった。かれの勇気はむしろ胸の底にある風流心から発した。したがって細川幽斎の人間性においては、

「風流心と勇気」

という問題を無視することはできない。息子の細川忠興も、その後、父の名をはずかしめないほど日本有数の文化人に育った。

6 非常時の危機管理

——バラバラな組織をまとめる手練手管〈大石内蔵助〉

紛糾する赤穂城内

主人浅野内匠頭長矩《たくみのかみながのり》が、吉良上野介義央《きらこうずけのすけよしなか》に刃傷《にんじょう》に及んだのは、元禄十四（一七〇一）年三月十四日のことだ。この報は、三月十九日の午前六時に第一便が、第二便が同じ十九日の午後九時頃、赤穂《あこう》に着いた。当時、江戸—赤穂間の旅程は、約十七日といわれていたから、このスピードは目を見張るくらい速い。それほど、江戸にいた赤穂藩の武士たちはあせっていた。

報告を受けた赤穂城では、三月十九日、二十日、二十一日の三日間にわたって会議を開いた。城代家老大石内蔵助《おおいしくらのすけ》が会議を主宰した。集まったのは約三百余人といわれる。浅野家は、表向き五万三千五百石といわれ、また塩田経営による別途収入がかなりあった。しかし、藩士の数はほぼ三百人前後であったようだ。大石は、

「とにかく、全員集合してもらいたい」

と命じた。が、この段階では、主人の浅野長矩が吉良義央に刃傷に及んだということはわかったが、その後どうなったのか、いっこうにはっきりしなかった。つまり、

・主人はいったいどうなったのか

・吉良上野介は死んだのか

・この事件に対して、赤穂藩に対する何らかの処分がおこなわれるのか

などということがはっきりしなかった。そのために、ただワアワア騒ぎ立てるだけになった。やがて第三、第四の使者が来て、その後のことがわかった。

江戸では次々と処分の手が打たれていた。まず、吉良に斬りかかった浅野長矩は、その日のうちに切腹を命ぜられた。翌十五日には、浅野長矩の居城である赤穂城を収公することが決まり、受城使として播州《ばんしゅう》（兵庫県）竜野《たつの》の藩主脇坂淡路守が命ぜられた。副使は、備中（岡山県）足守《あしもり》藩主木下肥後守が命ぜられた。目付として、大目付の荒木十左衛門と日下部《くさかべ》三十郎が先行することになった。浅野家関係の屋敷は、江戸にあったものがすべて

没収された。住んでいた者は早々に立ち退くように命ぜられた。浅野長矩の妻はすぐに髪を切って仏門に入った。浅野長矩の相続人に指名されていた弟大学も謹慎を命じられた。これほど迅速に浅野家に対する処分がおこなわれたのは、すべて時の将軍（五代）徳川綱《つな》吉《よし》の怒りがすさまじかったためだ。この日、綱吉は当日奉迎することとなっていた、京都朝廷からの勅使に接するため朝風呂に入っていた。そこへ、この報告を聞いたから彼はカッとした。ことの善悪を問わず、

「浅野にすぐ腹を切らせろ！」

と怒りの声を上げた。報告に行ったのは、側役の柳沢吉保《よしやす》だった。綱吉のお気に入りである。柳沢は、

「しかし、一方的に浅野ばかりに罰を与えましても、それは神君《しんくん》（家康のこと）がお定めになった、喧嘩両成敗の掟《おきて》に背くことになると思いますが？」

と異議を唱えた。が、綱吉は聞かなかった。あくまでも浅野に死を与えろといい張った。やむを得ず、幕府首脳部はその日のうちに浅野長矩を切腹させたのである。そして、続いて二弾、三弾と追い打ちをかけた。

こういう幕府の処分方針が、第三、第四の使いによって、赤穂にもたらされた。城内は

紛糾した。大石内蔵助はこの紛糾をまず収めなければならなかった。

四分五裂した組織を一つにまとめるために

江戸にいた浅野家の次期相続人大学は、謹慎するとともに、すぐ赤穂の城代家老大石内蔵助と、もう一人の家老大野九郎兵衛に対して手紙を書いた。

「決して軽挙妄動してはならない。それよりも、藩札の始末に十分心してほしい」

藩札というのは、赤穂藩が発行した金券のことだ。赤穂藩内だけで通用する札である。藩がつぶれてしまったのだから、当然この藩札をもっている者は引き換えを要求する。これは正貨でおこなわなければならない。そのへんの注意を大学はうながしていた。しかし、藩札の始末も大事だが、もっと大切なことがあった。それは、混乱のるつぼに陥ってしまった藩士三百人の身の振り方や、あるいは今後の対応をどうするかだ。

会議を重ねているうちに、大石内蔵助は自分なりに方針を決めた。次のようなものである。

・相続人に指名されていた浅野大学を当主として、お家再興を嘆願する
・しかし、そのお家再興も、浅野大学の面目が立つようにする

・旧浅野長矩の家臣であった者が再び大学に仕える場合は、その藩士の面目も立つようにする

浅野大学ならびに旧赤穂藩士の面目が立つようにするということは、すなわち吉良上野介に対しても、幕府が何らかの処分をしてほしいということだ。つまり、柳沢吉保が将軍綱吉にいったように、「喧嘩両成敗」という掟を守ってほしいということだ。そうでなければ、たとえ浅野家がもう一度復興したとしても、浅野大学ならびに家臣団は世間の笑いものになる。

「吉良にあれだけ恥をかかされながら、浅野家の新しい当主とその家臣団は、その怨みを晴らすこともしないで、べんべんと俸禄を食《は》んでいる。武士にあるまじき恥ずかしいおこないだ」

と嘲笑されるに違いない。この段階で、大石内蔵助はすでに、

(もし、吉良殿に対して幕府が何ら処分をしなければ、自分たち遺臣が心をそろえて吉良殿の首を申し受ける)

と決意していた。が、慎重な大石は、はじめからそのことを決して口にはしなかった。当面は、みんなにワイワイいわせるだけいわせてしまおうと思ったのである。

やがて、会議に集まる人間は日が経つにつれて減ってきた。自分なりに新しい生き方を探し、生活の道を発見した者は、どんどん赤穂から去っていった。このへんは、大石は「勝手たるべし」と宣言していた。

浅野大学から注意された藩札の始末は、その方面の責任者である岡島八十右衛門《やそえもん》の手によって機敏に処理されていた。大石は本家の広島の浅野家や分家にどんどん借金の申しこみをし、金を借りて始末をした。藩札の始末をしてしまうと、手元金が残った。これを家臣団で分配しようということになった。大石は、

「いままでもらってきた給与の高によらず、一律公平に分けよう」

と提案した。これに対して、会計方面の家老だった大野九郎兵衛が反対した。

「いや、それは不公平だ。やはり給与の高に応じて配分すべきだ」

この意見が通った。大石は譲与金を分配した。しかし、手元にかなりの額を残した。

「この金はお家再興の資金とする」といった。大石自身はすでに、

(吉良を討つ時の資金だ)

と思っていたが、まだ口にはしなかった。会議を続けながら、大石は次第に絞りこまれていく藩士たちの考えを、グループ別に分類してみた。

藩士群は、大別すると「国元派（すなわち赤穂派）」と「江戸派」に分かれる。国元派と江戸派の人事交流は最近少なくなってきた。国元派は、赤穂にいて城を拠点に藩の行政や産業興しに努力する。年貢の徴収もおこなう。江戸派の方は、藩主の参勤交代に応じて江戸でのいろいろな仕事に従事する。が、大半は赤穂から赴いた者が多いが、しかし藩主長矩や江戸の重役の判断によって、いわば「江戸向き」の武士が、どんどん自由に採用されていた。こういう連中は、赤穂に一度も来たことはない。それだけに国元との交流もなかった。

この国元派と江戸派の中に、さらに「過激派」と「俗論派（妥協派）」ができた。国許派の過激派は、

「もともと赤穂城というのは浅野家がつくった城であって、別に幕府の世話になって築城したものではない。それを幕府が奪うというのはおかしい。われわれはあくまでこの城に籠もって、切腹した殿様に殉死すべきだ。そして、お家再興と吉良さまの処分を嘆願しよう」

と主張した。形の上では、大石もこの派に入る。俗論派は違って、大野九郎兵衛を筆頭に、

「この際、そんな過激なふるまいに出るべきではない。そんなことをすれば幕府の心証をいよいよ悪くして、せっかくの大学様を中心とするお家再興も許可にはならないだろう。城を明け渡し、謹慎して幕府の指示を待つべきだ」

というものだ。これにもけっこう賛同者が多かった。

しかし、江戸における幕府のきびしい処分が次々ともたらされると、俗論派は自然消滅した。つまり、もはやこれまでと、それぞれ生活の道を探して赤穂から退去していったからである。結局、残ったのは、「城に籠もって殉死しよう」という連中ばかりになった。大石は、この連中に血判を求めた。この時、署名・血判したのは六十一名である。が、この六十一名の全部が吉良邸に討ち入ったわけではない。この中から十九人の脱落者が出て四十二人になる。後に、新しく五名が加わって四十七人になる。こうして国元派の方は一応、大石内蔵助の根気づよい信条維持によって一つにまとまった。問題は江戸派である。

過激派を取りこんだ手練手管

江戸派の分裂は、国元よりひどかった。過激派と俗論派に分かれていることは、国元派と同じだったが、やっかいなことに過激派がさらに二つの派に分かれていた。「側近派」

と「新参派」である。側近派というのは、死んだ浅野長矩と、たとえば男色関係にあって、とくに寵愛を受けた者たちだ。片岡源五右衛門《げんごえもん》、磯貝十郎左衛門《じゅうろうざえもん》、田中貞四郎《ていしろう》といった連中だ。新参派というのは、堀部弥兵衛《やへえ》の養子堀部安兵衛《やすべえ》、奥田孫太夫《まごだゆう》、高田郡兵衛《ぐんべえ》などだ。元禄年間という年代は、戦国が終わってからまだそれほどたっていない。とくに元禄時代は経済が高度成長したために、人の心がゆるんでいた。武士も贅沢な暮らしをする者が多かった。そこで、大名の間には、

「戦国の気風を忘れないような、武士らしい武士を家臣にしよう」

という風潮があった。具体的には、学問や武術に優れている浪人を採用するということだ。長矩もこの風潮に従った。堀部安兵衛と奥田孫太夫は、当時江戸で、剣術の先生として名高かった堀内源太左衛門《げんたざえもん》の高弟だった。高田郡兵衛は宝蔵院流の槍の使い手である。これが江戸の新参派として、過激論を唱えた。かれらは、

「このたびの幕府の処分は絶対に不公平だ。我々は心を一にして、吉良上野介の命をもらおう」

と決議した。これに対して、側近派であった片岡源五右衛門たちも心を合わせた。

「われわれは、主君から特別のお志をいただいた者だ。新参派に後れを取るわけにはいか

ない。われわれの手で吉良殿の首を取ろう」

と決議した。

江戸における俗論派は、江戸家老の藤井又左衛門《またざえもん》と安井彦右衛門《ひこえもん》を核にしていた。かれらは、もともと姑息《こそく》な人間だ。どだい、藤井や安井がしっかりしていないから、浅野長矩が吉良に切りつけるような事件が起こったのだ。吉良が、賄賂好きなことは有名だった。それならそれで、江戸家老の藤井や安井がそれ相応の対応をしていればいいのに、それをしないから、結局は主人が侮辱されて腹を立てることになってしまった。そのくせ、かれらはその責任を感じなかった。相続人として指名されていた浅野大学が慎重派だったのをいいことに、その説に従った。また、浅野家の親戚である美濃（岐阜県）大垣の藩主戸田采女正《うねめのしょう》も、しきりに心配して、大石たちに、

「自重せよ、自重せよ」

と注意していることをいいことにした。かれらには頭から主人の仇を討とうとか、あるいは切腹して申し訳を立てようなどという考えはまったくなかった。そうであれば、この江戸の俗論派もことの推移によって自然消滅してしまうだろう。問題は、過激派である。その過激派が、こもごも赤穂にやってきた。最初にやってきたのは堀部安兵衛たち三人で

ある。堀部たちは、赤穂の結論がいつのまにか大石のはからいによって「開城、切腹」と決まっていることを知った。堀部は抗議した。

「あくまでも籠城して殉死すべきだ」

といい張った。どういうわけか、吉良への仇討ちの志を引っこめた。大石を警戒したのかもしれない。大石は、ひそかに三人を一人ひとり呼んで会った。そして、

「お家再興がうまくいくとは思えない。また、たとえ大学さまがお家を継いだとしても、吉良殿をそのままにしておいたのでは面目が立たない。結局は、吉良殿を討つよりほかはない。そうなると、せっかく再興されたお家もすぐ潰されてしまう。それなら、初めから吉良殿を討った方がいい」

と告げた。三人はびっくりした。昼行灯《ひるあんどん》といわれてきた大石に、そこまでの深い考えがあるとは思えなかったからである。大石は、

「これは、おぬしだけに話すことだ」といった。これが三人を喜ばせた。三人はともども、大石の本心を語ってもらえたと思って、目を輝かせて江戸に帰っていった。

「このうえは、必ず大石殿のご指示に従います」

と誓って去った。そのあとにやってきたのが側近派の江戸過激派である。いったいいかれ

らは何のためにやってきたのか。三人ではどうにもならないので、赤穂に仲間を募りにきたのだ。ところが、この側近派は、必ずしも国元派からいい感情では見られていなかった。だいたい江戸にいる連中は、国元派が苦労して集めた金をザブザブ使ってしまう。国元派は、いつも舞台裏でつらい役ばかりさせられていた。そういう不満が江戸派全体に対してある中で、とくに側近派に対してそういう憎しみの目が向けられていた。側近派はあまりいい結果が得られずに早々に赤穂を去った。大石は、この派に対しては別段の手を打たなかった。つまり、堀部たち新参派に対して本心を吐露したようなことはしなかったのである。ほうっておいても、側近派の性格上、自分たちだけで吉良邸に討ち入るような馬鹿な真似はしまいと踏んでいたからだ。

非常事態に発揮された類いまれな管理能力

浅野大学に対する処分が決まった。閉門は解かれたが、広島の本家にお預けということになった。こうして、お家再興の夢は消えた。大石はほぞを固めた。しかし、いつ実行するかが大事だ。大石が、この段階から考え始めたのは世論の変化である。世論が変わっていた。つまり、浅野長矩が刃傷した時の将軍綱吉の処分を不当とする批判が次々と生まれていた。「喧嘩両成敗」のモノサシが守られなかったというのだ。そのことは必然的に、赤穂浪士に対する「仇討ち願望」という期待感に変わった。いってみれば、世の中をあげて赤穂の遺臣たちに、「早く吉良を討て」とけしかけるのだ。〝イッキイッキの大合唱が始まったのである。大石はこういう世論の高まりをじっと見つめていた。そして、

（この世論が最高潮に達するまでは、絶対に江戸の新参派を暴走させてはならない）

と考えた。以後の大石の行動は、堀部たち新参派をいかになだめ、いかに脅し、そして本来の目的に合流させるかにそそがれる。

江戸派は逆にこのイッキイッキの高まりに、一日も早く吉良を討たなければダメだと考えた。というのは、吉良上野介はすでに職を辞任し、屋敷を江戸城内から本所という郊外地に移されていたからだ。ここは無防備地帯だ。いってみれば徳川幕府が自ら赤穂浪士に、

「無防備の地に屋敷を与えたのだから、早く討て」

といっているようなものだ。ということは、逆に吉良側の警戒心を増大させた。

「吉良上野介は、自分の息子が藩主になっている出羽（山形県）米沢城に引き取られるそうだ」

などという噂も湧いた。このことをとらえて、堀部たちはしきりに大石に、

「早く江戸に来て、吉良邸に討ち入りましょう」

と催促した。が、その頃の大石は、京都で放蕩に次ぐ放蕩を続けていた。世間をごまかすということもあったが、かれは世論の高まりをじっと待っていたのである。この忍耐づよい持久戦が功を奏した。堀部たち過激派も、いつのまにか大石の策にのみこまれていた。つまり大石の「世論の高まりを待って、行動に出る」という方針が、最も正しいように思えたからである。かれらもまた、

「五人や十人で突出しても、もし失敗したら取り返しがつかなくなる」

という気持ちになり始めていた。それは、さんざん大石が吹きこんだ考えだった。

こうして、大石は最初に立てた目標を最後まで変更せずに、三百数十人の藩士が次第に減っても、不動の四十七人の結束にもちこんだ。このことは、いままで反目していた国元派と江戸派とをとけあわせることでもあった。その過程で、俗論派は自然消滅した。過激派の中でも国元派と江戸派をしばしば会合させることにより、その意思の疏通を図った。

はじめはエリート意識で、鼻の先で、

「自分たちこそ、故浅野長矩さまにかわいがられたメンバーだ」

といばっていた側近派も、身を屈して新参派と妥協し、さらに国元派の過激派とも手を

取り合うようになった。平時では〝昼行灯〟といわれ、あまり存在価値のなかった大石が、異常時に際して発揮した見事な危機管理能力であった。この大石の忍耐強い管理能力がなければ、「忠臣蔵」も決して成立しなかったはずである。

7 後継に託す危機管理

――この先も生き残る組織であるために〈上杉鷹山〉

ハンデだらけだからこそ成功した改革

リストラの名人として江戸中期の改革者上杉鷹山《うえすぎようざん》を参考にする人が多いと聞く。確かに鷹山は危殆《きたい》に瀕した米沢（山形県）藩主上杉家の養子となって、再建の実を上げた。しかし、そのリストラは決してスムーズにいったわけではなく、また、いったんは成功したものの、再び危機に陥ったことは事実である。

鷹山はもともと、

・上杉家の出身ではなく、日向（宮崎県）高鍋の秋月という小さな大名家の次男坊だった。

これが上杉家の養子に入った

・年も若く、藩主の座に就いたのは十九歳の時だった

・この時のかれは、小さな大名の家から名門の大家上杉家の養子になったという大きなハンデがあった。それだけではない。南のことは知っていても、寒い東北の地に対する土地勘がまったくない。同時に、部下の誰も知らないし、部下の方もかれのことは誰も知らなかった

などというハンデがたくさんあった。いわば、〝ハンデだらけの雇われ社長〟だったのである。

それをかれは、次のような方法で克服しようとした。

・まず、リストラの案をつくった。案の作成者には、問題児として江戸の藩邸を追われていたトラブルメーカーばかりを集めた

・しかしこのトラブルメーカーたちには共通する特性があった。それは、鷹山の学問の師細井平洲について経済の学問を学んでいたことが一つ。経済というのは、「経世済民」の略である。すなわち、乱れた世を整わせ、困窮している民を救うというのが本当の経済の意味だ

・鷹山はこの連中にリストラの案をつくらせ、それを二年間、江戸の藩邸で実験した。そ

して良いところを残し、悪いところを捨てるといういわば計画のローリングをおこなった

・二年後に本国に戻った鷹山は、この案を全藩士のテキストとした
・リストラ案の内容は、「殖産興業の実施」「人づくり」の二本柱であった
・リストラの案の骨子は、米沢全藩民が「忍びざるの心（孟子がいった言葉で、弱い人や困っている人にそそぐ人間の優しいいたわりの心）」を取り戻すことであった。しかし、そういう忍びざるの心をもつにしても、その頃の米沢の都市基盤整備がまったくおこなわれていず、また、働き場も少なかった。若い者がどんどん大都市へ行ってしまい、過疎地が増えていた。そこで鷹山は、いまの言葉でいえば「町づくりが先だ」と考えた
・したがって、鷹山が全藩士に示したリストラ案は、いわば「町づくりによって米沢を再生する」ということであった
・殖産興業には、士農工商の身分にこだわらず、農の得意な武士はクワをもち、林業の得意な武士は山林に入り、灌漑《かんがい》工事の得意な武士は工事の指揮を執るなどというふうに、それぞれが潜在させている能力を発揮させた。これは身分制度の破壊といっていい。つまり士農工商が縦並びであったものを、横並びにしたということである

・改革はある程度成功した。しかし、不測の事態が起こった

・不測の事態というのは、天明の大災害である。これは不可抗力だった。さらに悪いことに、かれを支えてきたブレーンの竹俣当綱《たけのまたまさつな》と莅戸善政《のぞきよしまさ》の二人が失脚辞任したことである。竹俣は鷹山の側近として次第に権力を増し、その権力に狎《な》れた。暮らしが贅沢になり、各村を回って莫大な金品を受け取るようになった。ついに上杉家の大切な行事である藩祖謙信の命日を忘れるというような大失態を演じた。この日、竹俣は江戸にいる鷹山の代わりに、米沢で謙信の法要をおこなわなければならなかった。それを失念した。竹俣は辞任した。莅戸は辞める必要はなかったが、かれも竹俣と一心同体の考えで鷹山を補佐してきたので、連帯責任を取ったのである

側近を失った鷹山が取った行動

竹俣・莅戸という右腕・左腕をもがれた鷹山は、考えこんでしまった。災害という自然現象にはどうしようもない。しかし、あれほど信じぬいてきた竹俣が権力に狎れて、最も鷹山の嫌う民衆いじめの家老になってしまったのはどうしたことだろうか。一挙に、鷹山は自分が未だに保っているいろいろなハンデについて思いをめぐらせた。改めて、そうい

うハンデが頭の中で渦を巻き、かれを混乱に陥れた。

歴史を見ても、先代があまりに名経営者であったがために、その後を継いだ二代目がひどく苦労をした話はたくさんある。たとえば武田信玄である。信玄は戦国時代の名将といわれ、名経営者といわれ、人使いの名人といわれた。その名声を全部背負ってあの世へ旅立った。しかし、信玄の欠点は二代目を養成していなかったことである。後を継いだ勝頼は、それまで信玄に仕えてきた宿将たちから見れば、凡庸で始末に負えなかった。ただ、やる気だけが前に出て、血気に逸《はや》った。宿将たちは事々に勝頼に意見した。

「信玄公なら、そんなことはなさいません」

「信玄公なら、こんな時はすぐ決断なさったでしょう」

と迫った。これが勝頼の癇《かん》に障った。勝頼はやる気のある二代目だったから、

（いつまでも信玄公、信玄公と父の名を出すな。オレだって立派にトップの仕事ができる）

と勢いこんだ。そして、信玄が残していった全資産、すなわち精強を誇る武田軍団と、もっていた財産のすべてを投入し、長篠の合戦という暴挙に出た。ここで大敗北を喫し、それがきっかけとなって武田家は潰れてしまう。つまり、武田企業を倒産させてしまったのだ。

(武田家の滅亡は、どこに原因があったのか)

鷹山は考える。帰着するところは、

「信玄は二代目養成を怠った。自分一人に部下を頼らせすぎた」

ということではないかということである。

鷹山は信玄の身に自分を重ねてみる。状況が似ていた。現在、名君上杉鷹山の名は高い。米沢だけでなく、全国に知られた。時の将軍十一代徳川家斉は、老中松平定信の進言によって、

「米沢でおこなった政治は、実に見事である」

といってほめ称え、褒美をくれた。名君上杉鷹山の名は日本中に響き渡っている。

「しかし、それでいいのだろうか?」

鷹山はそういう疑問をもつ。武田信玄に自分の身を引き比べてみて状況が似ているということは、

・名君鷹山の名が高く、米沢藩政といえば、すべて上杉鷹山がおこなっているものだと世間は思いこんでいる

・藩士も藩民も、鷹山への依存度が高い。それはもちろん信頼からくるものだが、だから

といって、一人の人間に過大な信頼と期待を寄せつづけることが、果たして正しいのだろうか。自分はまだ若いので、後継者の問題を本気で考えていない

・藩政改革を進めてきたのは、竹俣・莅戸に率いられた、かつて江戸で鷹山が見出した問題児グループである

・鷹山を先頭に、このグループが推進してきた改革の理念と方法論が、果たして全藩士の納得ずくのものにまで行き渡っているのだろうか

・竹俣や莅戸が辞めた後、かれらの後を引き継げるようなリーダーが育っているのだろうか。そのリーダーたちのいうことをすぐ聞くように、藩士たちも意識を改革しているのだろうか

・藩民たちの鷹山に対する信頼と期待の念も、皮相的なもので、すぐ変わってしまうのではなかろうか

こういう不安材料が次から次へと突き上げてきた。鷹山は、

(武田信玄の二の舞いにならないためには、どうすればいいのか)

と本気で考え始めた。

そして、思い立ったのは、

「この際、隠居しよう」

ということである。隠居を決意した時、かれはまだ三十四歳である。

後継者をどう考えるか

鷹山が隠居を思い立ったもう一つの理由は、

「上杉家の血筋を重んじよう」

という次期相続人のことであった。儒学を細井平洲に学んだかれは、中国の歴史についても明るかった。『史記』という中国の古い本に有名な伯夷《はくい》と叔斉《しゅくせい》の話がある。伯夷と叔斉は兄弟だった。父は兄の伯夷よりも弟の叔斉を自分の相続人にしようと考えた。ところが、これを知った弟の叔斉は、兄に訴えた。

「父はわたしを相続人にしようとしていますが、これは間違いです。義を損ないます。兄さんがあくまでも家を継いでください」

しかし、兄の伯夷は首を横に振った。

「わが国で最も大事な人の道が孝だ。父の意思は重んじなければならない。おまえが家を継げ」

「いやです」

果てしない争論が続いた。結局、伯夷と叔斉は、

「では、いっそのこと、二人とも家を継ぐのをやめて、山に逃げこもう」

ということになった。そして、二人は山に入り、貧しい暮らしを送った。やがて、属していた周の王が臣下としてあるまじき行為に出ようとしたとき、二人は必死になって止めた。しかし、周の王は聞かなかった。そこで伯夷と叔斉は断食して餓死してしまった。

この話に最も大きな影響を受けたのが、水戸藩二代目の藩主徳川光圀である。黄門と呼ばれた人物だ。

一人に頼りすぎないシステムを

徳川光圀は、あるとき自分に兄がいることを知った。しかし兄は父の計らいで四国高松の大名にさせられていた。弟である光圀が水戸家を継いだ。光圀は、

「兄がいるにもかかわらず、弟の身で自分が御三家の一つである水戸家を継いだのは申し訳ない。このままにはできない」

そう思った。考え抜いた挙げ句、

「わたしの相続人は、高松の兄の子にする」

と決めた。兄にこのことを申し入れた。兄は反対した。

「父上のご意思によって、おまえが水戸の家を継いだのだから気にすることはない。わたしの子は高松の家を継がせる」

しかし光圀は聞かなかった。そこで妥協案として兄弟が合意したのが、
・光圀の後の水戸家は、高松の兄の子が継ぐ
・高松から来た兄の子に子が生まれたら、その子は高松の松平家を継ぐ
という、タスキ掛け式のトップ交換人事である。変則だが、光圀はこれを守った。

こういう話はすぐ漏れる。上杉鷹山も、この話を伝え聞いていた。

「水戸家と高松松平家とは兄弟だ。にもかかわらず、そういう義を守った。まして、わたしは秋月という他家から来た者だ。わたしの子を相続人にしてはならない。先代の養父重定さまの子を相続人にしよう」

と考えた。

いってみれば、よそから入ってきた雇われ社長が、自分の子に社長のポストを世襲させるのではなく、本来この社のトップであった社長の家の子に、政権を禅譲しようという考

えである。

先代の重定には、皮肉なことに、鷹山が養子に決まった頃実子が生まれた。男の子だ。それがいまは成人しつつあった。名を治広という。鷹山はこの治広を相続人にすることに決めた。しかしそれには何よりもまず自分が隠居しなければならない。

腹心にこのことを漏らした。猛反対が起こった。

「お殿さまは、米沢藩の現況をどうお考えでいらっしゃいますか。せっかくお殿さまが先頭に立って改革の火をお燃やしになったために、その火が城内はもちろんのこと、城下町や各農村にどんどん広がっております。お殿さまがご隠居なさるということは、御自らその火をお消しになるということでございます。米沢藩の将来はまた暗いものに変わりましょう。絶対に反対です」

そういって、畳を叩いて反対する者がたくさんいた。しかし鷹山は首を横に振った。こういった。

「それだから困るのだ」

「それだから困るとは、どういうことでございますか?」

「はっきりいおう。おまえたちはわたしに頼りすぎる」

「はあ?」

忠臣たちは思わず顔を見合わせた。鷹山の言葉の意味がわからない。

鷹山は根気よく説明し始めた。

「おまえたちがわたしの隠居に反対するのは、まだまだ改革の先頭にわたしがいなければいけないということだろう。しかし、そんなことをいっていたら、いつまで経ってもきりがない。わたしは、改革というのはわたし一代で終わらせるものではないと思っている。改革にも当然、継続性や連続性がなければならない。そのためには、わたしの意思を引き継ぐトップと、またそれを補佐する者も継続性・連続性をもって存在していくということだ。すでに、改革に手をつけてから十五年近い年月が経っている。そろそろ、わたしの考えや改革の方法が米沢全体に根付いてもいい頃だ。それを知るためにも、わたしは隠居した方がいいと思う。幸い、ご先代重定さまのご子息も青年に達しつつめる。藩政を譲っても別に支障はないお年頃だ」

「……………」

忠臣たちは黙った。鷹山が口にしている言葉は、上辺の話だ。裏にはもっと深い意味が隠されている。

（お殿さまは、ご先代さまのご実子をお気になさって、自ら身をお退《ひ》きになるおつもりなのだ）

忠臣たちは、鷹山が細井平洲について儒学を深く学んでいることを知っている。儒学の精神は、

「義を貫くこと」

だ。『史記』に書かれた伯夷と叔斉の物語に感動して、ご三家の一つである水戸家の徳川光圀が自分の兄の子に家を譲った話は武士なら誰でも知っている。

（お殿さまも、その例に倣《なら》うおつもりなのだ）

みんなそう思った。しかし水戸家に比べれば、米沢藩上杉家はまだまだ不安定だ。いま鷹山に隠居されたらガタガタになってしまう。そういう不安が、みんなにあった。だから、鷹山が何といおうと隠居には徹底的に反対するつもりである。

守旧派たちが息を吹き返す

鷹山が隠居したら、いまの改革が挫折し、ガタガタになってしまうということを忠臣たちは熱弁を振るって語った。鷹山は黙って聞いていた。みんなの話が終わると、うなずい

てこういった。

「おまえたちの話はよくわかる。しかし、わたしが隠居した後、治広殿がご当主になって、万が一おまえたちのいうようなことになったとしても、それは治広殿の責任ではなく、わたしが悪かったということだ」

「それは、どういうことでございますか？　お殿さまのご改革は、米沢万民がもろ手を挙げて、支持しているではありませんか」

「そうかもしれぬが、推進主体である城方がガタガタになるとすれば、わたしの改革に委ねた精神が、まだまだ藩士全員によく理解されていないということだ」

「それを未然に防ぐためにも、まだまだご隠居の時期ではございません」

「いや、隠居する」

鷹山はいい切った。忠臣たちにいえないことが胸の中にあった。それは、

（自分の改革の是非は、隠居した後でなければわからない）

ということだ。つまり、隠居した後に起こるかもしれないことを、いまから想定しても意味がないということだ。

（起こった時に改めてそのことを考えてみよう）

とにかくいまは隠居することが先決だ、というのが鷹山の決めた固い意志であった。

こうして、天明五（一七八五）年二月六日、鷹山は幕府に願い出て隠居の許可を得た。幕府は認めた。上杉家は改めて動揺した。

とくに改革推進派が受けた打撃は大きかった。先に自分たちのリーダー竹俣当綱《たけのまたまさつな》が失脚し、莅戸善政《のぞきよしまさ》が連帯責任を取って辞任してしまったばかりだ。そこへもってきて、改革の大黒柱であった鷹山が隠居した。

「一体、上杉家はどうなるのか？」

心ある藩士たちは、集まっては額を寄せて、自分たちの心配を語り合った。

この時、上杉鷹山が自分の後を継いだ当主治広に与えたのが、有名な「伝国の辞」である。内容を現代文に訳すと、次のようになる。

・住民と藩のために大名とその家臣が存在するのであって、大名や家臣のために住民や藩が存在しているわけではない

・したがって、城に勤める者はここをよくわきまえ、絶対に私の心を抱いてはならない

ということである。鷹山はそれまで、

「治者は、常に子に対する父母の心をもって民に接しなければならない」

といい続けてきた。かれの改革の精神は、この考え方にもとづいている。

しかし、後を継いだ治広は、この方針をことごとく破った。治広が破ったわけではない。それまで改革推進派に突き飛ばされて、窓際に追い払われていた保守的な考えをもった連中や、怠け者が一斉に立ち上がったのだ。かれらは連合した。そして、

「ご先代（鷹山のこと）がお進めになった改革を全部中止しろ」

と叫んだ、この叫びは意外に力をもった。改革は次々と中止された。鷹山の改革は、

「殖産興業の実施」

「人づくり」

の二本柱によって推進されてきた。かれは大倹約家として有名だが、倹約一辺倒ではなかった。現在のリストラでいえば、減量経営だけをおこなったのではない。拡大再生産や新規事業も興した。しかし、そのためには金がいる。その金を何から生むか。

「それは殖産興業以外ない。そして、そういう知恵を出すのも、すべては人だ。そうなると、人づくりを欠くことができない」

といって、この二本柱を推進してきたのである。そのために新しい役所もつくった。武士が農業にも従事した。あるいは山に入って木材を切り出した。灌漑用の堰《せき》もつくった。

あるいは、専売品を売るための商会のようなものもつくった。人づくりのために、興譲館という学校もつくった。学長として鷹山の師細井平洲を迎えた。

しかし、新藩主治広を囲んだ守旧派は、これらの政策をことごとく覆した。学校まで閉鎖してしまった。殖産興業のための役所も全部廃止された。

「武士が先頭に立って、農民の真似をしたり商人の真似をするなどもってのほかだ。大名家が商人になるようなものだ。名門上杉家のやることではない」

そういって、新藩主の周りに群がった連中は、鷹山のいままでやってきたことをすべてぶち壊すことに快感を覚えていた。鷹山の進めてきた改革は、見る影もなくズタズタにされた。

改革推進派は憤激した。血相を変えて鷹山の隠居所に押しかけてきた。

改革の火が消えかかる

上杉鷹山は治広に家督を譲ると、隠居所に引き籠もった。隠居所は現在、米沢市内に「餐《さん》霞《か》館《かん》址」として残っている。それほど敷地は広くない。池が設けられ、奥に鷹山の胸像を彫り込んだ碑が建てられている。胸像の下に有名な、

「なせば成る　なさねば成らぬ　何事も　成らぬは人のなさぬなりけり」

という言葉が彫り込まれている。この地域を含め、「堀端史跡保存会」という組織があって、ボランティア活動によって米沢藩上杉家のいろいろな史跡が保たれている。米沢だけではないが、日本各地でおこなわれるこういう努力にはほんとうに頭が下がる。

新トップの上杉治広の脇にあって、総奉行として藩政の先頭に立ったのが、志賀祐親である。志賀自身の意思によったものかどうかは別にして、ここで旧臣群が一斉に息を吹き返した。そして、鷹山がやってきた改革をことごとく覆した。甚だしいのは、学校の興譲館まで閉鎖してしまったことである。

現在でも同じだが、こういうことはよくある。先代があまりやり手だと、二代目はやりにくい。何かにつけて先代と比較される。そうなると、やけくそを起こして、

「いっそのこと、先代のやったことを全部ひっくり返してしまえ」

という破壊的な気持ちになる。治広がどこまで承認していたかわからないが、結果として上杉藩政は鷹山が目指したものとは方向を百八十度転換してしまった。

改革推進派は激昂した。そして、いまの餐霞館址のある隠居所に押しかけてきた。鷹山はここで側室のお豊とともに静かに暮らしていた。かつての忠臣群がドカドカと乗りこん

できて、せっかくの静寂がたちまち破られた。

忠臣群は口々にいった。

「だから、われわれがいったではありませんか。ご隠居なさる時期が早すぎたのです」

「ぜひとも、すぐ元の座にお戻りください。そうなさらないと、米沢藩上杉家は完全に潰れてしまいます」

「治広さまご一派のなさりようは、見ていられません。ご隠居さまがなさったことを全部覆しております」

目をむき、口から泡を飛ばして述べ立てる忠臣たちに、鷹山は手を振ってこれを止めた。

「バカなことをいうものではない。せっかく治広殿に藩主の座を譲ったのに、すぐまたわたしが藩主に返り咲けるわけがない。おろかなことをいうな」

「おろかではございません。われわれが予想した通り、治広さまを囲む連中が、たちまちご隠居さまのご改革作業を全部中止してしまったではありませんか。ましてや、人づくりのための興譲館まで閉鎖するとは、とんでもない話でございます」

「前にもいったはずだ。その原因はわたしにある。わたしの方にも反省しなければいけないことがたくさんあるのだ」

「ご隠居さまはご名君であらせられます。反省なさることなど微塵もございません。何を仰せられますか」

「いや、ある」

鷹山は、自分の前に集まった連中を静かに見渡した。そしてかれらの興奮が冷めるのを待った。鷹山の静かな視線に見つめられて、激昂していた部下たちも少しずつ血の気を収めた。それを見すまして、鷹山はこう語り始めた。

「わたしの過ちというのは、改革をお前たちだけで進めてきたことだ。細井平洲先生に学んだということもあって、先生の門人だけを、わたしの身のまわりに集めた。しかし、これは当初はそれでよくても、どこかで改めなければならなかった。細井平洲先生の門人以外からも、多くの人間を登用すべきだった。しかし、改革が進むにしたがって弾みがつき、そうはいかなくなった。おまえたちもまた自分の力が十であるものを二十にも三十にも発揮してくれた。それがわたしを誤らせた。このことが、他の藩士たちに反感をもたれた。わたしは明らかに閥をつくってしまったのだ。これはわたしの明らかな誤りで、そのために改革の広がりを止めてしまった。いま、治広殿の脇で仕事をする連中がもった反感は、そこに原因がある。わたしの過ちだ」

「そんなことはございません。火種運動があれほど広まったではございませんか」

「確かに一時期は広まった。しかし、その火もいまは消えている。わたしたちの改革は、それほどもろかったのだ。身近なところでも、まだまだ米沢城全体の支持を得ていなかったということになる。これはすべてわたしの責任である。おまえたちのせいではない」

「そんな弱気なことをおっしゃいますな。ぜひともう一度、藩公の座にお戻りくださいませ」

「それはできない」

鷹山は静かに首を横に振った。そしてポツンとこういった。

「わたしにはいま、武田信玄殿と勝頼殿のご関係がありありと瞼《まぶた》の裏に浮かんでくる」

「信玄さまと勝頼殿？」

名声をひとり占めにしてはいけない

唐突に鷹山の口から戦国時代の武将の名が出てきたので、部下たちはびっくりした。鷹山を見返した。鷹山は静かにうなずいた。

「そうだ」

「何のことでございますか」

疑問を口にする部下たちに、鷹山はこう語った。

「武田信玄殿といえば、戦国の名将といわれた方だ。風林火山の旗を押し立てて、武田軍団の赴くところ、常に敵なしといわれた。確かに信玄殿は名将であり、優れた武将だった。ただ一つ欠点があった。それは、あまりにも信玄殿が名将とか人望、あるいは徳望をひとり占めしたことだ。そのために、後を継いだ勝頼殿が非常にやりにくくなった」

「……！」

部下たちは、鷹山が何を語り始めたのかを悟った。目を燃やしてひたすらに鷹山を凝視した。鷹山は語り続ける。

「信玄殿は亡くなられる時、勝頼殿に遺言した。それは、信玄殿が亡くなったということをすぐ諸国に知らせてはならないということだ。影武者を使ってでも、武田信玄はまだ健在だと世の中を偽れといった。また同時に、勝頼殿に対し、すぐ自分の後を継いではならない。しばらくは勝頼殿の幼い子を当主にあて、勝頼殿は後見人の座に退くべきだと告げた。これはおそらく信玄殿から見て、勝頼殿がまだ相続人になるには十分な力を蓄えていないと考えたせいだろう。が、勝頼殿はこの遺言を無視して、すぐ当主の座に就いた。結果、織田信長公と徳川家康公の連合軍によって武田家は滅ぼされてしまった。この故事をいま、しみじみと思い出している。わたしは信玄殿になってはならない」

「……」

部下たちは言葉を失った。しかし、鷹山のいわんとすることはわかった。

「わたしは、あまりにも名君といわれすぎた。そのため、治広殿が苦労をされている。武田信玄殿の轍を踏んではならない。そうなると、上杉家が滅びてしまう」

ご隠居さまはそういうご心配をなさっている、と部下たちは揃って悟った。

しかし、そんなことをいっても上杉鷹山が名君であることは間違いのない事実だ。誰に聞いても、鷹山公は名君だという。二代目治広の力はまだわからない。未知数だ。ご隠居さまがそんなことをおっしゃるのは、あまりにも謙虚すぎると、部下たちは逆に不満に思った。しかし鷹山にすれば、武田信玄とその子勝頼に例を取って、自分の思いを語ったのはウソではなかった。心の底からそう思っていた。

「そんなことを仰せられては、手も足も出ないではありませんか。みすみす上杉家が滅びるのを、ご隠居さまは黙視なさるのでございますか？」

忠臣たちの間から、そんな悲痛な叫びが飛んだ。鷹山は重い表情で首を横に振り続けた。

後継者と始めた新たな改革

しかし藩の事情が変わっていた。城の中にも、

「ぜひとも、もう一度、ご隠居さまに政治のご指導をお願いしたい」

という層が広まっていたことである。これは、鷹山がいった「人閥」以外のところからのものが多かった。もう一つは、城の外の農村や町の中に、

「ぜひともご隠居さまに、前のようなご改革をお進めいただきたい」

と城に願い出てくる者がたくさんいたことだ。そして、

「莅戸さまをご家老のお役に」

ともいった。これは鷹山の目を見張らせた。胸の中に温かい日の光が流れ込んだ。予想もしなかったことである。改革推進派たちは、鬼の首でも取ったような面持ちをして、鷹山のところに駆けつけてきた。

「いま、米沢城の内外に起こっている声をお聞きになりましたか？」

「聞いた」

鷹山はうなずいた。

「しかし、おまえたちのいうように、もう一度藩主の座に戻るなどということは絶対にで

きないぞ。またわたしはそんなことはしない。あくまでも治広殿を立てていく。それが筋だ」

先手を打ってそう戒めた。忠臣たちは声を失った。うらめしそうに鷹山を見返した。

しかし、思わぬことが起こった。天明の大飢饉が起こったからである。米沢藩も被害を受けた。が、鷹山の改革のお陰で、各地域に備蓄用の倉庫がつくられていたため、餓死者はほとんど出なかった。しかし危機感は強まった。

ついに、当主の治広が隠居所にやってきた。手をついて平伏し、こういった。

「お父上、何とぞもう一度ご政道のご指導を仰ぎとうございます」

現在でいえば、現職の社長が会長のところに来て、

「もう一度、社業のご指南をお願いします」

というのと同じである。こういわれては、鷹山も無視できない。引きこんでばかりいるわけにはいかない。

「治広殿、手をお上げください。あなたがそこまでおっしゃるのなら、あなたの後ろにいて、ごく控えめに、いろいろと意見だけでも申しましょう」

温かい養父の言葉に、治広は目をうるませた。

「ありがとうございます。これで大船に乗った気でございます」

と顔を上げて微笑んだ。鷹山は、

「大船どころか、ドロ船かもしれませんぞ」

と笑った。

鷹山は、後見は承知したが、藩主の座に戻るなどということはあり得ない。あくまでも隠居の立場で、表に出るわけではなかった。しかし、改革期待派はそれだけでも満足した。

「ご隠居さまがまたご出馬になった」

米沢城内で喜びの声が上がった。

こうして、上杉鷹山の第二次改革が始まる。しかし今度は、いってみれば会長と社長が手を取り合って、心を一つにして城全体をパワー化し、新しい体制で改革を始めたということである。鷹山は宣言した。

「わたしが治広殿の後見を引き受けたとしても、決して昔の繰り返しではない。新しい状況下における、新しい改革推進組織をつくったのだ。昔の改革推進派もまた自分たちの天下になったなどと、うぬぼれてはならない。新しい力を支える一助として謙虚に身を処すべきである」

と、とくに旧改革推進派の増上慢を禁じた。

第二次改革は成功する。しかし、鷹山があれほど恐れた、「名声のひとり占め」は必ずしも消えなかった。やはり、上杉鷹山の名は絶対だった。現在に即して考えてみると、この問題は難しいものを含んでおり、あるいは人間界における永遠に解けない課題であるかもしれない。

8　苦難を生きぬく危機管理

――「自分」を失わない生き方〈琉球のリーダーたち〉

沖縄王朝の歴史は想像を絶する苦難に満ちている。沖縄以外の土地に生きてきた日本人には容易に理解できない、波瀾と屈辱の歴史なのである。

それは、海の向こうから武力侵攻を受けたことのない人間にはわからない歴史であるかもしれない。

沖縄は「日本であって日本でない」時代を長く続けてきた。独立の機会を得ず、複数の国に仕えてきた沖縄――だが誇り高いかの地の人々は、苦しさの中から生きるに値する真の知恵を生み出していたのだ。

薩摩による琉球侵攻

薩摩藩島津家が琉球王国に侵入した理由は、薩摩藩からいわせると次の通りだ。

・嘉吉付庸《かきつふよう》事件
・三宅国秀《みやけくにひで》事件
・亀井武蔵守《かめいむさしのかみ》事件
・朝鮮出兵の負担遅延事件
・仙台漂流船事件
・紋《あや》船欠礼事件
・対明《みん》通交斡旋怠慢事件
そして、これらの事件をまとめた形での、
・問罪使《もんざいし》冷遇事件
である。問罪使冷遇で、薩摩藩島津家はついに琉球王国に武力行使することを思い立った。薩摩藩島津家が理由としている事件を、簡単に並べてみる。

最初の嘉吉付庸事件というのは、嘉吉元（一四四一）年に足利将軍家で相続争いが起こった。このとき当主の義教に反乱を企てたのが義昭だ（同じ字を書くが、織田信長が擁立した十五代将軍足利義昭とは別人)。が、敗れた義昭は日向《ひゅうが》国に逃げた。これを知った島津家の当主忠国が、日向の永徳寺にひそんだ義昭を殺し、その首を義教に献じた。義教は喜んで忠国に感状を送った。このとき島津家にいわせると、

「将軍義教公から、琉球国の支配権を得た」

という。つまり琉球王国が島津家の支配下に入ったのは、嘉吉元年のことだというのだ。しかし根拠はひじょうに薄弱だ。

ただ、この頃、島津家では琉球王国との貿易独占を希望していた。これに対し、義昭が殺されたので有頂天になっていた義教は、

「島津の希望は何でもかなえてやろう」

という意味で、貿易の独占権を与えた気配があるという。王国の支配権を保障したわけではなかった。そんなことが足利将軍家にできるはずがない。そのへんは島津家の方もよく知っていたはずだ。しかし、島津家が最後まで、

「琉球王国は、島津家の被支配国である」

という根拠は、この嘉吉元年の足利義教の感状においている。またその後、何度も琉球王国に対し、

「琉球国と交易をおこなう船は、必ず島津家の許可状がなければならない。もし、許可状をもたないで交易をおこなおうとする船がいたら、没収して琉球国の費用にあててけっこうだ」

という根拠もこの嘉吉の足利義教文書に基礎をおいている。

三宅国秀事件というのは、永正《えいしょう》十三（一五一六）年に、時の将軍足利義晴が、備中（岡山県）の豪族三宅国秀に「琉球遠征」を許可した。

三宅国秀は琉球征服のための兵船を仕立て、薩摩の坊《ぼう》の津《つ》に入港した。これを知って驚いた島津家の当主忠隆は、兵を動員して坊の津に入港した三宅の兵船を焼き、乗員を全部殺した。もちろん大将の三宅も殺した。その根拠は、

「先の将軍足利義教公によって、琉球国の支配権は島津家に与えられている。それを無視して、無断で琉球国を征服しようなどとはとんでもない話だ。将軍家の名において誅殺《ちゅうさつ》する」

ということであった。これに対し、三宅に許可を与えた足利義晴は何もいえなかった。そのまま黙した。これによって島津家ではいよいよ、

「琉球国は島津家の属国だ」

という考えを強めた。

亀井武蔵守事件というのは天正十（一五八二）年に、豊臣秀吉が気紛《きまぐ》れに亀井武蔵守の願いを聞き、

「よし、おまえに琉球国をやろう」

といったことに端を発する。

この頃の秀吉の琉球国に対する認識は薄かった。朝鮮に対するのと同じ感覚だった。秀吉は、琉球国は島津氏のいうように島津氏の属国だと思いこんでいた。朝鮮もまた対馬の宗氏の支配地だと思っていた。だから、秀吉にすれば、

「大名の人事異動をおこなう時に、その範囲の中に琉球や朝鮮を入れてもよかろう」

という考えだった。

文禄元（一五九二）年に秀吉は朝鮮に出兵する。しかし本来の目的は、「征明（明〈中国〉を征圧する）」にあったので、「征鮮」はそのついでのことだった。つまり秀吉にすれば、

「対馬の宗氏を通じて、征明の案内をするように朝鮮に命じたのにいうことを聞かない。けしからんから討つ」

ということだ。日本に属する国が自分の代理である宗氏という大名のいいつけを聞かないので、これを退治するという論理である。単純だ。

したがって、亀井武蔵守が、

「琉球を征圧したい」

という言葉も、島津氏の力量では琉球国を抑えこむことができないので、亀井が秀吉の代わりにこれをおこなうというふうに受け取った。

ところが、これを知った島津氏が怒った。この時の当主は島津義久だ。義久はなかなかの政略家である。彼は知己の細川幽斎や石田三成に工作した。二人とも秀吉の側近だ。島津義久は、

「これこれだ」

といって、嘉吉以来、琉球国に対しては島津氏が支配権をもっていることを説明した。亀井武蔵守の琉球征圧は、その歴史的経緯を破壊するし、秀吉公にとってもおためにならない、と力説した。細川と石田はこれを信じた。そこで秀吉に直言して、亀井武蔵守の琉球征服の許可を取り消させた。

文禄元年に朝鮮出兵を実行し始めた秀吉は、改めて島津氏に琉球王国の支配権を与えた。

もちろん、琉球王国の実態がどういうものであるか、秀吉はまったく知らなかった。しかし島津家にすれば、これによって嘉吉以来のあやふやなお墨付きが、天下人秀吉によって太鼓判の裏打ちをもらったということになった。

日中の両属性に苦しむ？

三宅国秀の事件の時も、亀井武蔵守事件の時も、薩摩藩島津家では間髪を入れず、琉球王国にこのことを恩着せがましく知らせている。

「三宅国秀を坊の津で殺したのは、わが薩摩藩島津家と貴国とが昔から同盟の故である」

とか、

「本来なら、亀井武蔵守の侵攻によって貴国はとっくに滅びたはずだ。それを、当主義久公が懇々と太閤殿下に懇願して貴国の窮地を救った。これもまた貴国とは善隣友好の誼《よしみ》をつづけてきたからである。このへんを忘れないでもらいたい」

と念を押している。だから薩摩にとっては、自分たちが琉球王国のために取り計らってきたことを、琉球王国の方でも恩を感じて受け止めているだろうと推測していた。しかし、これは必ずしもそうではなかった。琉球王国の方は、別にそんなことに恩義を感じていなかったからである。

天正十五(一五八七)年、島津義久は豊臣秀吉に征伐された。勢いに乗って自国から北上し、九州全体を席巻しまくった島津氏の勢いを恐れた大友宗麟《そうりん》が、秀吉に実態を訴え出たからだ。全国制覇を目指していた秀吉はこれを口実にした。

島津義久は敗れ、薩摩・大隈・日向に封じこまれた。

この時、秀吉は琉球国の存在を島津氏から聞いた。そこで島津氏に、

「琉球国からオレのところに入貢《にゅうこう》するように」

と命じた。島津氏は、

「たとえ薩南三国に封じこめられても、島津家は異国というべき琉球を支配している」

ということを強調するために、琉球王府に対し、

「至急、太閤殿下に入貢するように」

と命じた。琉球王国では国内の名僧を派遣して、京都聚落第《じゅらくだい》にいる秀吉に入貢させた。

この時の琉球王は、第二尚《しょう》氏の尚寧《しょうねい》王であった。以後、琉球王国の悲運と苦難の道の最高の指導者となる悲劇の王だ。

琉球からの使者に会った秀吉は、この時、

「近く朝鮮や明に出兵するつもりだ。その時はいろいろ手伝ってもらうから頼む」
といった。琉球王国の使者はびっくりした。いま、朝鮮や明に兵を出されたら、琉球王国の立場はなくなる。

当時の琉球王国は明に対する朝貢国だった。

中国には古い時代から中華思想というのがある。中華思想というのは、

「自分の国並びに民族が世界で一番優れている。東西南北の周囲の国々は遅れた国で、わが国には及びもつかない。そこで、これらの国々は中国の属国として礼を尽くし、朝貢しなければならない。それに対して中国側では、中国の優れた品物を見返りとして与える」

これがいわゆる〝朝貢貿易〟だ。従属国が主人国に対して礼を尽くす。その礼に対し、主人国が従属国に見返り品を与えるということだ。本来、金銭のやりとりはない。ところが実際には、この見返り品に対して金銭が支払われていた。しかし、そんなことは中国王朝の関知することではない。部下のやっていることだとうそぶいていた。

そのため琉球国王は、中国皇帝から、

「汝を琉球国の国王に任命する」

という辞令をもらっていた。この辞令を届けに来る使いを冊封使《さっぽうし》といった。冊封使によ

って、尚寧も、

「中山王《ちゅうざん》に任命する」

という辞令をもらっていた。琉球国王は正確には中山王だ。琉球国には北山・中山・南山の三つの王国があった。北山王も南山王もそれぞれ中国から辞令をもらっていた。が、最も勢力があったのが中山王で、事実上は中山王が琉球を支配していた。したがって、中国から、

「中山王に任命する」

といわれることは、そのまま、

「琉球国王に任命する」

といわれたことと同じだった。

よく琉球（沖縄）について、

「沖縄は日中両国に属したので、その両属性に苦しんだ」

といわれる。が、沖縄からいわせればそんなことはない。つまり、中国に属して朝貢国になる道を選んだのは琉球国自らの意思だ。しかし薩摩藩に属したことは、別に琉球国の意思ではない。薩摩藩が勝手に武力行使して、琉球王国を支配下においてしまったのだ。

したがって、ここには琉球王国の意思はない。意思のないものを勝手に日本側が両属性といっているだけだという説がある。琉球側に理《ことわり》がある。

豊臣秀吉の野望を知って、琉球王国の使者は驚いた。帰途、島津氏の重役たちに、

「いったい、太閤殿下は何をお考えになっていらっしゃるのでしょうか。いま、日本が朝鮮や明に兵を出したらえらいことになります。ましてや琉球王国がその先走りを務めるわけにはいきません。長年培ってきた貿易もダメになってしまいます。とうていお手伝いはできません」

と真剣な表情でいった。島津家の重役たちは曖昧な表情をした。そして、

「そのへんは、わが島津家がおたくの損にならないようにうまく扱おう」

といった。うまく扱うとはどういうことか、と琉球王国の使者は畳みこんだが、薩摩藩島津家の重役はそれ以上は答えなかった。

迷惑な秀吉の大陸出兵

天正十九（一五九一）年になって、いよいよ秀吉の朝鮮出兵が決定すると、秀吉の部下である日本中の大名が軍役をいいつけられた。秀吉は島津義久に、

「琉球国も応分の負担をさせろ」

と命じた。そしてこの時、

「もし不平不満をいうようならば、琉球国王を他の地域に異動させる」

といった。この言葉からしても、秀吉が琉球国を日本の一支配国として見ていたことは確かだ。つまり、琉球国の国王も大名の一人であり、自分の命令によってどこへでも飛ばすことができると思っていた。

しかし間に入った島津家はもっと複雑なとらえ方をした。島津家側では秀吉のいうような単純な考えをしていなかった。

というのは、当時の島津家は極端な財政危機に陥っていた。それは、九州席巻の時の軍事費が莫大であったことと同時に、秀吉によって南九州に封じこめられてしまったからである。

しかし、内陸部に目を向けていたのでは、これを解消する手段はない。結局は南の海に目が向いた。琉球王国が注目の的になる。しかし島津家側で考えたのは、いきなり琉球王国を征服することではなかった。島津家には知恵者がたくさんいた。

「琉球国はずっと中国と朝貢貿易をつづけている。ひじょうに旨みのある貿易だ。これを薩摩藩の富に振り替えよう」

いってみれば、琉球国が中国とおこなっている貿易はそのまま存続させる。しかし貿易の利益の大半は薩摩側でいただこうということだ。そうなると、秀吉のように簡単に、

「琉球国王は大名の一人なのだから、どこにでも転勤させることができる」

というわけにはいかない。そんなことをすれば中国が怒るし、朝貢貿易も打ち切られてしまう。

そこで薩摩藩島津家が考え出したのは、次のようなことであった。

「琉球国は、ずいぶん前に平和宣言をして国民から武器を取り上げた。琉球王府に勤める兵士たちがいるが、これも実戦の経験がない。そうなると朝鮮や明に行っても役に立たない。それなら薩摩藩島津家が琉球王国の代わりに戦おう。しかし、その費用は琉球国に負担させる」

この案を島津義久は尚寧王に書き送った。

「関白殿下は、このたび薩摩と琉球国に対し、合計一万五千人の出兵を命じてきた。しかし、おたくの国は長年泰平に慣れて戦争は得意であるまい。そこで薩摩藩島津家がおたくの分も含めて、太閤殿下のご指示に従い朝鮮に出兵することにする。そこで兵七百人、十

カ月分の兵糧米を、明年（文禄元年）二月までに薩摩の坊の津に運んでもらいたい。そして、その後それらの兵糧米は朝鮮の高麗《こうらい》に転送してもらいたい。また、太閤殿下は日本の諸大名に命じて、肥前《ひぜん》（佐賀県）に名護屋《なごや》城増築を命ぜられた。この城造りもおたくの代わりに薩摩藩がおこなう。しかし、その費用は金銀米穀をもってあてられたい」

この島津家からの申し入れに対し、琉球王府は頭を抱えた。というのは、先に王の位に即《つ》いた尚寧に対し、近々明から冊封使がやって来るという通知があったからだ。冊封使を迎えた時の応接の費用は実に莫大なものになる。それをいかに捻出するかで琉球王府は上下《しょうか》を挙げて悩み抜いていた。そこへ、

「豊臣秀吉公が朝鮮に出兵するから、その応分の負担を至急、金銀米穀で送れ」

といってきた。

「そんな余裕はない」

琉球王府側はそういう意見で一致した。しかし同時に、

「薩摩島津家の申し出を断ったら、いったいどういうことになるか」

ということも心配の種になった。

琉球王府の中で最も強硬なのが、謝名親方《じゃなうえーかた》の鄭《てい》だった。鄭は、

「明にも島津家にも調子よく付き合うからこういうことになる。場合によってはどっちか一つを選ばねばならない。選ぶのは当然、明国であって島津ではない。拒絶しよう」

といった。重臣たちは顔を見合わせた。確かに鄭のいう通りだが、実際にそんなことをすれば、島津家がどういう態度に出てくるか火を見るよりも明らかだった。とくに鹿児島や京都に行った連中は、島津家の実力を知っていた。豊臣秀吉が全日本の大名の連合軍によって島津家を叩き潰し、薩摩・大隅・日向の三国に封じこまれたとはいっても、島津家の領地はもともとその三国だ。元を考えれば別に減ったわけではない。兵士は強い。薩摩隼人の異名をもっている。大和朝廷を恐れさせたといわれる鬼の子孫だ。

気弱な妥協案が出始めた。やがて、それが主流になった。結局、琉球王府では、

「明からの冊封使の応接費用を削るわけにはいかない。やむを得ない。島津家の申し入れには半額で対応しよう」

ということになった。島津家から命ぜられた金銀米穀はその半数が調達され、届けられた。これが島津家でいう、

「朝鮮出兵の負担遅延事件」

である。

豊臣秀吉の強引な出兵によって、朝鮮国も明国も怒った。日鮮貿易並びに日明貿易も途絶した。

秀吉が死んだ後にこのことをひどく心配したのが徳川家康だ。徳川家康は朝鮮に対しては対馬の宗氏を通じ、そして明国に対しては、島津氏経由の琉球国を通じて、

「何とか昔のように善隣友好したい」

と切望した。

朝鮮の方は、対馬の宗氏の努力によってやがて軟化し、善隣外交が戻った。というのは、秀吉の後を継いで天下人になった徳川家康が平和愛好者であり、実質的には家康は自分の部下を一人として朝鮮に出兵しなかったからである。そして秀吉の死んだ後、五大老の一人であった家康がまず手をつけたのが、朝鮮からの日本軍撤兵であった。そういうことを朝鮮側はよく知っていた。もともと対馬の宗氏は、朝鮮との貿易によって生きぬいてきた日本海上の一大名だ。朝鮮を怒らせては国が滅びてしまう。家康の方針は宗氏の歓迎するところでもあった。

こうして朝鮮との友好は再び整ったが、明の方はそうはいかなかった。いくら島津氏が

琉球国を焚きつけて、

「早く日本と明国との関係が昔のように修復できるように斡旋しろ」

と迫っても、明国側は警戒して申し入れを聞かなかった。これが、

「対明通交斡旋怠慢事件」

と島津氏がいう事件だ。

紋船欠礼事件というのは、歴史が古い。

紋船というのは、琉球国側から島津家に派遣する修好使船のことだ。船の舳《へさき》に青い雀と黄色い龍の絵が書いてあったので、こう呼ばれた。島津家で何かおめでたいことがあるたびに、船が送られてきた。最初に来航したのは文明十三（一四八一）年のことだったという。

ところが戦国時代になってからは日本側のいろいろな事情があったこともあろうが、琉球国側にもいろいろな出来事があって、必ずしも昔のように頻繁に来航しなくなった。

そこで島津義久は永禄十三（一五七〇）年に、広済《こうさい》寺の住職雪岑《せっしん》というお坊さんを琉球国に送った。そして、

「三宅国秀を征伐したのは、貴国との同盟を重んじ、また兄弟同様の善隣友好の故である」

という親書を渡した。

遠回しに、

「これだけのことをわが島津氏がしてきたのに、この頃、紋船がやって来ないのはどういうわけか？」という問罪の意味があった。

しかし、この時の琉球王府側の対応は、必ずしも温かくはなかった。五年後の天正三（一五七五）年に、琉球国からやって来た紋船と王府が遣わした使者たちの弁明によれば、島津家側ではすでに次のような項目についてきびしい問罪をおこなっていた。

・なぜ、島津家の使者雪岑に対し、その接待が粗末だったのか

・雪岑の宿舎はひじょうに見すぼらしかった。これはなぜか

・それだけでなく、雪岑が泊まっていた宿舎に琉球王府の三司官（王府の最高執行官）が無礼を働いたというが、これもどういうわけか

・島津家の太守《たいしゅ》の文書を城の小さな門で受け取り、琉球国からの返事を大きな門から出したというが、これはなぜか

かなり細かいことにいいがかりをつけている。

琉球国側では、天正三年三月に紋船をよこした。しかし、この時にもって来た進物は従

来に比べて少なかった。これも島津家側では問題にした。このとき琉球国の使者に対し、島津家では次のようなことを問罪した。

・琉球国では最近、島津家の許可印のない船と交易をしているが、これはいままできびしく申し渡していた掟に背くものだ。なぜか

・今回の進物はいままでと違ってひじょうに少ない。これはなぜか

琉球国の使者たちはしきりに弁明したが、島津家は強硬だった。当主の義久は使者と会うことを拒んだ。また、

「少ない進物は受け取ることができない。返せ」

といって贈り物も受け取らなかった。琉球国側の使者たちは混乱、困惑した。突然、島津家側がなぜこんな態度を取り始めたのか、彼らには理解できなかったからである。

「仙台漂流船事件」というのは、関ヶ原の合戦後の慶長七（一六〇二）年に、沖縄の商船が奥州の伊達政宗の領内に漂流した。この報告を受けた徳川家康は、島津氏を通じて無事に琉球に送り返させた。船には船主ら三十九名が乗っていたが、これも全員無事に帰国させた。

ところがこれに対して琉球国側では、徳川幕府はもちろん島津家に対しても何の礼もい

わなかった。使いもよこさない。島津家側ではひじょうに不愉快に思った。

同じような漂着事件が慶長十（一六〇五）年にも起こった。長崎の平戸《ひらど》に沖縄の官船が漂着した。これも幕府の指示で無事に送り返した。ところが琉球側では、この時も幕府と島津に対して何の返礼もしなかった。

この頃の島津家は関ヶ原の合戦で徳川家康に敵対したので、幕府の鼻息を窺うのに汲々《きゅうきゅう》としていた。当主の家久は怒って、

「琉球国に問罪の軍を出そう」

といった。が、弟の義弘が止めて、

「兄上がそういう強硬な態度に出るのはまずい。私の名で当面、琉球王に抗議しましょう」

といって、島津義弘名で尚寧王に問罪文を送った。

最後通牒

しかしどうしたことか、この時の琉球王府の対応は捗々《はかばか》しくなかった。ついに怒り心頭に発した島津家の当主家久は、伏見にいた徳川家康に琉球王国の非礼の数々を訴えた。家康もついに、

「それでは島津家に琉球国征討を命ずる」

と許可状を発した。

新征夷大将軍徳川家康のお墨付きをもらった薩摩藩は、いよいよ琉球国府征討のほぞを固めた。しかし、それには手続きがいる。最後通牒を突き付けて、それに対してどう答えるかを見なければならない。こうして慶長十四（一六〇九）年になると、薩摩藩島津家は最後の詰問状を琉球王府に送った。詰問状には次のようなことが書かれていた。

一、豊太閤殿下の時に、殿下は亀井武蔵守を琉球王に奉じられた。亀井王は貴国を討つために渡海しようとした。しかし、わが島津家が貴国との従来の善隣友好を重んじて、八方手を尽くした。そして豊太閤殿下に懇願し、亀井王が貴国に赴くのを阻止した。ところが、そういう恩を貴国ではいったいどのようにお感じになっているのか。

一、豊太閤殿下が朝鮮に出兵された時は、琉球国は戦争の経験がないので、わが島津家がその代わりを務めた。豊太閤殿下からは貴国にきびしく金銀米穀の納入を命ぜられた。ところが貴国は何やかやと理由を設けて、わずかに兵七百人と十カ月分の兵糧も半分しか納めなかった。以降、まったくの知らん顔をして納入を怠った。これはどういう訳か。

一、先年、貴国の船が仙台の伊達領に漂着した。それをわが島津家が嘆願して、新将軍徳川家康公の恩命を被り、船主ら三十九名を無事に貴国に送り届けた。それに対し奉礼の使者をいっこうによこさないのはどういうわけか。このことについて、わが島津家はひじょうに不快である。

一、大明国とわが日本との正式の交易が絶えてから三十四年になる。徳川家康公は大明との通交を心から望んでおられる。その両国修好の仲介役を、前々からわが島津家が貴国に依頼しているにもかかわらず、いっこうに実行されない。何だかだと口実を設けては延引している。この怠慢はいかなるわけか。

問罪状の最後には、

「このような数々の無礼、怠慢の事実は、悉《ことごと》く徳川家康公に申し上げた。家康公もお怒りになり、わが島津家に対し琉球国を誅伐せよという許可状をお与えになった。この際、貴国としてはどうするつもりか。先非《せんぴ》を悔いて、大明国と日本国との通交について仲介の労を取るならば、琉球国の安泰については島津家としてもまたいろいろ努力しよう」と書いた。

しかし、豊臣秀吉の朝鮮出兵について怒りを保ち続けていた明国としては、日明通交を元に戻す気はまったくなかった。これは土台、無理だ。そういうことを琉球国に頼んでも、朝鮮と対馬宗氏のようにはいかなかった。したがって最後通牒に対する琉球国側の答えは捗々しくなかった。薩摩藩島津家は、ついに琉球国征服の軍を起こした。

江戸城へ連れてこられた国王

慶長十四（一六〇九）年三月四日、島津軍は鹿児島の山川港を出帆した。兵船百余艘《そう》で、総勢三千余名である。総大将は樺山権左衛門久高《かばやまごんざえもんひさたか》、副将は平田太郎左衛門増宗《ひらたたろうざえもんますむね》だった。

島津軍は大島、徳之島、沖永良部島《おきのえらぶ》と海上の島々を次々と落とした。そして三月二十五日、主力部隊は琉球北部の運天《うんてん》港に到着した。いきなり王都首里《しゅり》に近い那覇港を攻撃しなかったのは、情報によって、

「那覇港は厳重な警戒をしている」

ということを知っていたからだ。

三月二十七日、今帰仁《なきじん》城が落ちた。これによって、琉球王府の動揺と混乱は、たとえようのないものになった。国民の中には家財道具を運び出して家族の疎開を始める者もいた。

王府では連日会議が開かれた。しかし、第二尚王朝三代目の尚真《しん》王の時代に、琉球王国では、各地方の按司《あじ》（地方支配者）から武器を取り上げた。もちろん、国民がもっていた武器も出させた。尚真王は、

「今後、武器に代わって宗教と民族文化を興隆する」

と宣言した。それを過大に考えて、

「琉球王国は、尚真王の時代に国民全体の刀狩りをおこなって平和宣言をし、文化立国に国是を定めた」

という向きもある。しかし、沖縄の研究者によれば、

「それは少し過大視した見方だ」

との説もある。集められた武器は王宮を守る兵たちに与えられた。しかし、たとえ平和立国、文化立国ではなかったとしても、王宮の兵たちも戦闘経験がない。薩摩藩の侵入に怒って首里王宮から突出する者もいたようだが、たちまち千軍万馬《せんぐんばんば》の薩摩軍に打ち破られてしまう。

王府では三司官をはじめ、重臣たちが会議に会議を重ねた結果、

「和議を請おう」

ということに決した。使者には、鹿児島に住んだ経験をもち、島津義久、義弘、家久などにも会ったことがあるという、西来院《さいらい》の僧菊陰和尚《きくいんおしょう》や、名護良豊《なごよしとよ》、江洲栄真《えすえいしん》、喜安《きあん》ら三十四人が選ばれた。

使者たちは急いで今帰仁に行った。樺山に会見すると、樺山は、

「和睦のことは那覇で話し合いたい」

といった。が、これには含みがあって、樺山の言葉は必ずしも真実を伝えたものではなかった。樺山は鹿児島を出る時、薩摩藩首脳部から『軍略覚書』という指示書を受け取っていた。この指示書には、

・琉球側がどんなに柔軟な対応をしようとも、必ず那覇に赴《おもむ》くこと。そして琉球王をはじめ王府の重臣たちを捕らえ、人質にすること

・人質にした琉球王や重臣たちは、必ず鹿児島に同行すること。和議の条件は鹿児島で出す

・もし琉球王が城に立て籠もって長く籠城するような場合は、城を焼き払うこと。そして誰でもかまわぬから捕らえて人質にすること。その時は島の人間を身分を問わず人質にして、鹿児島に連れ帰ること

などと書かれていた。つまり、樺山の琉球侵攻は、かれ一人の力によって琉球国を征圧するということではなかった。かれの役割は、はっきりいえば琉球国に乗りこんで、琉球王と重臣を人質にすることだ。そうすれば、後の交渉は全部、鹿児島本藩でおこなうということである。

したがって、樺山は琉球王と重臣たちを人質にするまでは、いろいろな口実を設けて相手がどんな態度に出てこようと途中で和睦するわけにはいかなかった。何がなんでも那覇の首里城に行く必要があった。

首里の王府側はもっと簡単に考えて、

「和平交渉の使者を三十何人も赴かせたのだから、今帰仁で和平条件が提示されるだろう」

くらいに考えていた。が、樺山はこれを蹴った。菊陰と江洲栄真たちは、そのまま那覇に戻された。名護は薩摩船によって那覇港に向かった。樺山にすれば、まず名護を人質にしたのだ。

四月一日、樺山は読谷《よみたん》の大湾渡口から上陸して陸路を取った。別の一隊は船でそのまま那覇港に入った。

琉球国側の記録では、樺山たちの行動を次のように記している。

「大将は湾より陸地を越えられ、浦添の城並びに龍福《りゅうふく》寺を焼き払った。首里の大平橋（別名・平良橋）へ敵が攻め近づくという報が入ると越来親方《ごえくうぇーかた》を大将にして、王宮の侍百余人が応戦に出掛けていった。薩摩軍は、橋のたもとに来て、雨の降るように鉄砲を射ちかけてきた。どこから飛んできた矢だかわからなかったが、城間鎖子親雲上《ぐすくまさしぺーちん》の腹に当たった。すぐ首を取られてしまった。これを見て驚いた琉球兵は、すぐ王宮に逃げ戻った。薩摩軍は、橋近くの家々をたちまち焼き払ってしまった」

つまり、薩摩軍との戦闘はこの程度のものだった。大平橋近くでおこなわれたものが唯一の戦いで、それも小競り合いである。当時の首里王府の軍事力と戦闘技術では、何百年も戦争をし続けてきた薩摩軍にはとうていかなわなかったのである。

四月四日、尚寧琉球王はついに城を出て樺山に和議を申し出た。王自らの降伏である。

樺山は、

「私の一存で和議を選ぶわけにはいかない。当主からの命令で和議は鹿児島において調えたい」

と応じた。首里城は焼かれずにすんだが、尚寧王以下重臣たちは全部鹿児島に連行されることになった。樺山は本田親政《ほんだちかまさ》、蒲地休右衛門《かまちきゅうえもん》の二人を残留軍の大将とし、応分の兵を首里においた。

五月十四日、尚寧王以下多くの重役たちを、人質として船に乗せ出帆した。

樺山の一行が鹿児島に着いたのは、六月二十三日だといわれる。一カ月以上かかっているが、間で何かがあったのだろうか。尚寧王は、六月二十六日に薩摩藩主島津家久と対面した。

しかし、鹿児島に行っても琉球国との和議は捗々しく進まなかった。薩摩藩側では、

「藩主と同行して、江戸に入っていただきたい」

といった。尚寧王や重臣たちはびっくりした。

「いったい、何のために?」

と聞いたが、薩摩藩の重役は理由は深く説明しなかった。

一年経った慶長十五(一六一〇)年五月、島津家久は尚寧王や重臣をともなって鹿児島を出発した。八月に駿府《すんぷ》に着いた。ここには将軍職を引退した家康がいた。家康は尚寧王たちを丁寧に扱った。

江戸に向かい、江戸城で二代将軍徳川秀忠《ひでただ》に対面した。島津家久は、

「先にご許可いただきました琉球征伐があいすみました。ここにおりますのが、降伏した

琉球王でございます」

と尚寧王を紹介した。尚寧王たちは皆、琉球国の衣服を着ていた。秀忠は珍しそうに一人ひとりを見た。

この行為は、島津家の徳川幕府に対するデモンストレーションであった。鹿児島から遠い道を尚寧王たちを引き連れて歩いたのは、

「薩摩藩島津家は、このように異国を征服しているぞ」

ということの示威行動であった。将軍並びに徳川幕府の面々に、薩摩藩の琉球国征服の事実を示した島津家久は、意気揚々と鹿児島に戻ってきた。そしてここではじめて琉球国王尚寧に和議条件を示した。

薩摩と中国の二重支配

・琉球国王は、島津家の当主に対し起請文《きしょうもん》を提出すること
・琉球国王には、今後領有すべき知行目録が与えられること
・琉球国側は島津家が提示する『掟十五条』を遵守すること
・琉球国は今後、薩摩藩に対し定められた貢租を納入すること

などである。

尚寧王や琉球王府の重臣たちが鹿児島に軟禁されたり、江戸へ往復させられたりする三年間のうちに、首里に残った薩摩の本田、蒲地たちは、琉球国の検地をすませていた。

「琉球国からは、こういう産品が得られる」

ということを、品目別に調べ上げていた。

そこで薩摩藩が尚寧王に示した貢租の内容は、次のようなものであった。

・芭蕉布《ばしょうふ》三〇〇〇反《たん》
・琉球上布《じょうふ》六〇〇〇反
・琉球下布《かぶ》一万反
・唐苧《からう》一三〇〇斤《きん》
・綿子《わたこ》三貫目
・棕櫚綱《しゅろつな》一〇〇方
・黒綱一〇〇方
・むしろ三八〇〇枚
・牛皮二〇〇枚

何とも細かいことだ。とくに、むしろ三千八百枚などという半端な数字はどこから割り出したのだろうか。

問題は『起請文』である。これは琉球王国の尚寧王が、自発的に薩摩藩主に対し申し出る誓いの文書、という形が取られた。内容は次の通りだ。

「琉球国は、昔から島津家の属国でありました。そこで島津家の太守（藩主）が位にお就きになる度に、船を出してお祝い申し上げてきました。ある時は使者、ある時は使僧を使って進物を献じ、礼儀を怠ることはありませんでした。中でも太閤秀吉殿下の時、本来なら定められた軍役を務めるべきでありましたが、なにぶんにも琉球国が遠い所にあるため果たせませんでした。その罪は大きいものがあります。このために琉球国は太閤秀吉殿下によって破却されました。そこでわれわれ王や重臣たちは貴国に身を寄せました。

もはや国は滅びたので、帰国を断念し、あたかも籠《かご》の中の鳥のようにしていたのでありますが、しかしこの度、島津家久公のご憐憫《れんびん》によって帰国を許されただけでなく、いくつかの島も割いて与えられました。

このような厚い恩は、何をもって謝し奉《たてまつ》ることができるでしょうか。永々代々、薩摩の君に対しては、決して疎意を抱くことはいたしません。お誓いいたします」

読み終わって尚寧王は真っ青になった。起請文の案文を回されて急いで目を走らせた重役陣も、顔色を変えた。

これでは薩摩藩の侵略行為は消えてなくなる。琉球国が滅びたのは琉球国自身の罪だということになる。

・琉球国は、豊臣秀吉の命令に逆らったため、いったん滅ぼされてしまった
・行き所のなくなった琉球王と重臣たちは、鹿児島に身を寄せた
・それを、現在の当主島津家久が豊臣秀吉の後の天下人だった徳川家康や新しく天下人になった徳川秀忠に頼んで、何とか帰国できるように取り計らってくれた
・本来なら琉球国全島が日本国のものなのだが、その大部分を返還してくれた

ということを、尚寧王の方がありがたがって自分からいい出した、ということになっている。薩摩藩が三千の軍勢を率いて首里城まで征圧したことなど、かけらも書いていない。

いってみれば、

「琉球国が滅びたのは全部私が悪いのです。にもかかわらず、島津家のお力によってこのたび、かなりの島が返還され、私も帰国できることになりました。これからは島津家に対し、ずっと忠誠を尽くします」

ということであり、

「その証しに、定められた芭蕉布以下の貢租を納めます」

ということである。

これらの忠誠心を具体的に示す行動規範としての『こんなことをしてはならない集』が、『掟十五条』である。その内容は次のようなものだ。
・島津氏が命ずる以外、中国に誂《あつら》え物をすることを禁ずる
・昔から琉球国で由緒ある人でも、官職のない者に知行を与えてはならない
・女官たちに知行を与えることを禁ずる
・諸寺家を多く建てないこと
・薩摩藩の印判のない商人は認めないこと
・年貢やその他公物は薩摩の奉行が定めた通り納入すること
・町人や百姓に定められた諸役のほかに、無理非道のことを申しかける者があれば、薩摩藩に訴え出ること
・琉球国から他国へ、商船を一切派遣してはならない
・日本の京升《ます》のほかは用いてはならない

さらにもう一つ問題があった。それは、薩摩藩主から琉球国王尚寧に与えられた『知行目録』の内容であった。

これによると、尚寧王たちが留守中に薩摩藩側でおこなった検地によって、琉球国の収入は八万九千八十六石と定められた。つまり日本の大名に見立てれば、琉球国王は約九万石の大名になったということだ。

「明細書を見せてほしい」

と琉球王府のある重役がいった。示されるものを見ると、奄美五島が入っていない。

「奄美五島は？」

と聞くと、薩摩側では、

「奄美五島は、薩摩藩の領有とする」

と冷然といい放った。一方的に奄美五島は割譲させられてしまったのである。八万九千八十六石というのは、奄美五島を除いた琉球列島の総収穫高である。いまの沖縄本島と宮《みや》古《こ》、八重山《やえやま》の諸離島だけが今後、琉球王国の収入源だということだ。

薩摩藩側は細かかった。

「目録高のうち、五万石を王家の収入とするがよい。残りは諸士への知行として配分せよ」

そんなことまで指示した。

王府の重役の中には気の強いのがいて、

「そんな一方的ないい分には従うわけにはいかない。これでは琉球王国と琉球国王は主体性がまったく失われる」

と抗議した。すると薩摩藩側ではこの重役をすぐに処刑してしまった。これで完全に、

（薩摩藩のいいなりになるより仕方がない）

ということになった。

顔と顔を見合わせて、そういう暗黙の了解ができた。

薩摩藩ではさらに細かいことを要求した。
・琉球王国から人質を鹿児島に出すこと
・慶賀使、恩謝使、年頭使を必ず派遣すること
・国王と摂政の就任については、必ず薩摩藩の承認を得ること
・薩摩藩からの在番奉行を琉球に常駐させること
・キリスト教は禁止すること
そして、こういう細かいことを決めながら、薩摩藩はこんなことをいった。

「中国との貿易については、いままで通りおこなうこと。また、中国から派遣される冊封使も受けること」

「!?」

尚寧王たちは唖然とした。これだけ細かく薩摩藩が琉球国を支配するといっておきながら、中国とはいままで通り貿易しろ、というのだ。同時に、中国からの冊封使を受け入れろということは、中国から、

「汝を琉球王に任命する」

という辞令を受け取れということだ。つまり、対中国関係はいままで通りにしておいて、しかし実質的には薩摩藩の支配下に入れ、ということだ。尚寧王たちははじめて薩摩藩の野望を知った。そうだったのかと気がついた。薩摩藩は琉球国と中国との貿易の利益を得たかったのだ。しかし豊臣秀吉の朝鮮侵略によって怒った明国は日本国との国交を断絶してしまった。したがって、日本国すなわち徳川幕府は直接には明との貿易ができない。そこで頭を使った薩摩藩は、この機に乗じて、

「琉球国と明国との貿易をそのまま続けさせ、その利益の汁は薩摩藩がたっぷり吸わせてもらおう」と考えたのだ。

尚寧王たちの感じ方を裏書きするように、薩摩藩側の重役たちはさらにいった。

「中国から冊封使が琉球を訪れる時は、薩摩藩側の役所は直ちに壊し、また薩摩藩の船や役人は山陰に隠すこと。決して薩摩藩が琉球国を支配しているということを明国に知られてはならない。冊封使が来た時は、日本の年号、日本人の氏名、日本人の歌、日本の言葉を口にすることを禁ずる。もちろん、日本の書物や日本の器具も彼らの目に触れさせてはならない。日本のフンドシの使用も禁ずる」

などと、噴き出すようなことまで命じた。

このへんは、薩摩藩もなかなか考えていた。

那覇に薩摩藩の統治機関である仮屋がおかれた。最初の奉行は樺山が侵入した時に残した本田と蒲地である。

しかし、やがて在番奉行の任務はすべて琉球内政の監視と、朝貢貿易の督励に変わった。

鹿児島には琉球仮屋がおかれ、三司官級の者が一人駐留させられた。琉球国では、薩摩のことを、「お国元」と呼ぶようになった。

はじめのうちは、琉球国王は「中山王」という呼称を認められていたが、寛永年間に入ると、

「島津氏に対しては国司と名乗るように」

と命ぜられた。がんじがらめの体制を押しつけられた。

こんなことでは、琉球国民の意気が上がるはずがない。琉球国民たちの心は次第に萎えていった。とくに知識階級の絶望は甚だしかった。

国全体に、やがて、

「食をくれる者こそ、わが主である」

というような諺さえ生まれた。いうところの奴隷根性が進展し始めた。それもこれも薩摩藩の一方的な侵略によって起こった出来事であった。

それまでは進取の気性がうたわれ、武力なき国として貿易に生命を懸け、日本はもちろん、朝鮮、中国、南方諸国と交易をつづけてきた琉球人の積極性がすっかり刈り取られてしまった。

表面は中国から辞令をもらった王をいただく王国として存在しながら、その実態は、薩摩藩島津家の支配下におかれることになった。

希代のリーダー羽地《はねじ》朝秀《ちょうしゅう》が取った〝第三の道〟

傷心のまま首里城に戻って来た尚寧王や重臣たちの話を聞いて、琉球王府は暗い空気に包まれた。琉球王国が辿る道は二つに分かれた。一つは横暴な薩摩藩と縁を切って明一辺倒で生きぬく方法だ。もう一つは、逆に明と縁を切って薩摩藩のいいなりになる方法である。しかし、どっちも危険だ。一の道、二の道のいずれを取っても、琉球王国はただそれだけで生きぬける自信はなかった。

そう考えると、島津家が琉球王国に強制した方法は、〝第三の道〟といえなくもない。つまり、明とはいままで通り付き合いながら、実態は武力制圧を加えた薩摩藩の支配下に屈していく。いわば二層性の道を辿ることである。

この第三の道を辿りながら、しかもいままで保ってきた琉球王国の特殊性を加味しようという考えが生まれた。その提案者は有名な尚象賢《しょうしょうけん》である。別名羽地朝秀であった。羽地朝秀は、尚王家の流れを汲んでいた。

「王子」の称号ももらっていた。正しくは「羽地王子尚象賢」だ。

しかし、琉球王国が辿った約二百七十年にわたる苦闘のすべてを書くことはできないので、羽地朝秀の苦悩の中から生まれた、根気づよい生き方を描くことで締めくくりたい。

羽地朝秀が取ろうとした道は、

「薩摩藩が加える力に対して血眼になって抵抗しても琉球国が弱まるだけだ。それよりも、いっそのこと薩摩藩の懐に飛びこんで、琉球国の新しい生き方を発見した方がいい」という考え方だった。

尚寧王に代わって、元和《げんな》八（一六二二）年尚豊《ほう》が王位に即いた。しかし、明からの冊封使はなかなかやって来なかった。明からの冊封使を受けて、尚豊が正式に「中山王」の辞令をもらったのは、寛永《かんえい》十（一六三三）年のことである。しかしその直後、尚豊は薩摩藩から通告を受けた。

「これからは王と名乗ってはいけない。国司と名乗るように」

琉球王府は憤激したが、結局従わざるを得なかった。羽地朝秀が生まれたのは、ちょうど武力で琉球を抑えこんだ薩摩藩島津家が、次々と琉球に対して手枷足枷《てかせあしかせ》をはめていた頃だった。

羽地朝秀は、十六歳になった時にたまたま首里城に来ていた泊如竹《とまりじょちく》という学者の講義に出た。泊如竹は鹿児島の有名な学者の弟子だった。この時の王である尚豊は、ひじょうに学問好きだったので鹿児島のその学者とも交流があった。その学者は島津藩主家久の侍講を務めていた。同時に島津家の外交文書の作成もおこなっていた。

羽地朝秀は、この講義に出ていて、こんなことを考えた。

（日本側では中国の学問を徹底的に研究している）

羽地朝秀はこのことを基点に、

「他国の学問をこれだけ熱心に研究する国なら、当然、自分の国の学問や文学ももっているはずだ」

そう考えた。その通りだった。日本には独特の文学があった。羽地朝秀は、以後日本の古典に深い関心を寄せるようになった。

尚豊の後は尚賢《けん》王が継いだ。しかし五年で尚質《しつ》王に代わった。この頃から羽地朝秀が次第に立身する。尚質王は承応元（一六五二）年に羽地地方の総地頭に任命した。羽地朝秀は万治《まんじ》元（一六五八）年にはじめて年頭使として鹿児島に行った。

羽地朝秀に対して薩摩藩は好感をもった。それは、朝秀がすでに日本側の学問をかなり勉強していたからだ。同時に薩摩藩のいろいろな制度についても予備知識をもっていた。

「琉球にも人物がいる。羽地朝秀という人間はなかなかのものだ」

薩摩藩ではそう噂した。だから、羽地朝秀が使いに立って、たとえば、

「先年焼け落ちた首里城を再建させていただきたい」

などと願い出ると、すぐ許可した。薩摩藩も羽地朝秀の理解力が自分たちの琉球に対する行政をひじょうにやりやすくしていると考えた。

寛文六（一六六六）年、尚質王は羽地朝秀を摂政に任命した。尚質王は、

「思い切って琉球国の運営に当たってほしい」

という期待をもった。

尚質王が羽地朝秀に求めたのは、

「明国に付庸《ふよう》しつつも、一方で薩摩藩の征圧を受けている琉球王国の主体性をどう確立するか」

ということである。そして、

「その道を琉球王国民にどう理解させ、彼らを奮起させることができるか」

ということであった。

これに対して、羽地朝秀は尚質王にこう答えた。

「薩摩藩の琉球征圧はいうまでもなく不当です。しかし、琉球王国はかなり前に戦争を放棄し、農業や貿易や伝統芸能をこの国の特性にしようと宣言しました。ですから、いかに

薩摩藩の不当性に怒りを覚えても、武力ではとうてい敵しません。

しかしだからといって、薩摩藩の武力制圧の前にただ忍従の生き方をするのでは、伝統ある琉球王国の自主性が完全に失われます。すでに国民の中にはやけくそになって、食をくれる者こそ主人だなどという、末期的な考え方をしている者も多数おります。これを払拭して、われわれが誇りある琉球王国民である自覚をもう一度確立する必要があります。

しかし、琉球王国の自主性とはいったい何に求めればいいのでしょうか。いたずらに薩摩藩に対して彼らに対抗できるような武力を養うことではないと思います。私はむしろ琉球の伝統文化を改めて興し、文化によって薩摩藩の武力に対抗することこそ、琉球王国が生きる唯一の道だと思います。

それには、琉球国民の考え方も、ここで改めて変える必要があります」

羽地朝秀のクールな分析に尚質王も頷《うなず》いた。

「それで、そなたは国民の意識をどう変えようとするのか?」

「現在王府に対して、国民は大きな不満をもっております。それは、尚寧王の時代に薩摩藩に連行され、無理やりいくつもの条件を押し付けられたためであります。いってみれば、弱腰な政府は信用できないということでありましょう。これは無理ありません。そこでもう一度、王府の力を国民に示す必要があります。それには目の前の一方の木だけ見て、森全体を見ずにただワーワー騒いでいても始まりません。王府が率先して贅肉《ぜいにく》を落とし、気持ちを入れ替えて国民の先頭に立つような力をつける必要があります。同時に、国民の一人ひとりが琉球の伝統芸能を身に付け、これを磨いて、琉球王国民は一人ひとりが文化人だ、といわれるようになることが必要です」

「よくわかるが、具体的にどうしようというのか？」

問い返す尚質王を、羽地朝秀は凝視《ぎょうし》しながらこう答えた。

「ある程度、薩摩藩の力を利用しようと思います」

「なに？」

「王府の改革、あるいは国民の指導に場合によっては、これは薩摩藩の指示命令だというのです」

「？」

尚質王は驚いた。

「薩摩藩を王国改革の口実に使おうというのか？」

「その通りでございます」

尚質王は考えこんだ。しかし、羽地朝秀は真剣だった。もちろん、こんなことを告げれば批判が一斉に沸き立つ。

「そこまで身を屈して、薩摩藩の顔色を窺わなければならないのか」

「琉球王府は薩摩藩の威を借りた狐だといわれるぞ」

そういう批判が起こる。そしてそれを実行する羽地朝秀は、

「おまえは琉球国民なのか？　薩摩藩人なのか？」

と問い詰められることだろう。

しかし羽地朝秀は、それ以外に道がないと思っていた。何をいわれてもやり抜こうと心に決めていた。命懸けだった。いまのようにただいたずらに薩摩藩を恨み、呪い、憎しみの言葉を投げ合っているだけでは、琉球王国は再起できない。羽地朝秀は国民の気持ちを統一するためにも一つの基礎になる考え方が必要だと思った。そこで彼は、『中山世鑑』という歴史書を編集した。琉球王国の歴史を綴《つづ》ったものだが、特色が一つある。それは、

「琉球人と日本人とは先祖が同じだ」

という琉日同祖論を唱えたことだ。その例として、

「琉球国ではじめて王位についた舜天王《しゆんてんおう》は、源 為朝《みなもとのためとも》の子供だ」

と主張した。保元《ほうげん》の乱で伊豆大島に流された源為朝が、あるとき海を渡って琉球にやって来た。運を天に任せて上陸したのが運天港だ。為朝は、琉球の娘と婚姻を結び、男子を産んだ。その男子が舜天王となった。

「したがって、琉球人と日本人の祖先は同じである」

といった。これには皆、驚いた。しかし羽地朝秀は、

「琉日同祖だということは、つまり対等だということだ。われわれが日本人に屈するということではない」

と主張した。

一方で、かれは琉球の古代から伝わってきた歌謡を集めた『おもろそうし』の改訂を始めた。

かれは、尚質王に答えた通り、

「薩摩藩の刀や槍に対抗できるのは、琉球国民の伝統芸能以外ない」

と信じていた。

信用されない王府を改革するために、かれは次のような布告を出した。

・王府は全体に質素倹約を守ること

・風紀を粛正すること
・肥大化した女官の権限を縮小すること
・農村における産業を振興すること
・伝統諸芸を奨励すること
これらを、地方支配者ともいうべき按司を通じて布告した。

かれが特に力を入れたのが、「伝統諸芸の奨励」である。これははっきりいえば、

「琉球国民であるかぎり、一人一芸に達せよ」

ということであった。老若男女を問わず、芸能を学び、それが他人より優れていることを見せろ、という奨励だ。羽地朝秀にすれば、

「難しい学説を教えるだけでは堅くなってしまう。それよりも好きな芸能の技を磨いて、他人に認められる気風を定着させれば、芸能を習うことが決して遊びではなく、琉球王国を再起させる底力になるという意識が生まれる」

ということであった。

かれが具体的に奨励したのは、かれの『覚』によれば、次の通りだ。
・学　文

・算勘
・筆法
・医道
・立花
・客職方
・謡《うたい》
・唐《とう》楽《がく》
・庖丁
・茶道
・馬乗方

これらのことを彼は王府の役人にまず求めた。

「とにかく王府に勤める以上、右の諸芸のどれかを身につけろ。一芸をたしなまない者は、どんなに高い血筋の者であっても、王府の役職には就けない」

と告知した。

そしてかれは、

「大和（薩摩）のいいところは、どんどん自分たちの芸能修業の中に採《と》り入れろ」

といった。ブツブツいう者に対しては、

「これらのことは、すべてお国元の薩摩がお命じになっていることだ」

と、チラリと背後にいる虎の威を見せた。結構これが効いた。羽地朝秀が最も力を入れた、

「国民一人一芸政策」

は着々と根付いていった。それが積み重なって、

「武器の代わりに、伝統芸能を再構築した芸能による文化を琉球王国の新しい武器にする」

という企ては次第に実っていった。これが現在も残っている沖縄芸能の土台であることは確かだ。

もちろん、そのやり方についてはいろいろな批判もある。しかし、羽地朝秀が開発したこの根気づよい、そして谷底からじりじりと這い上がる〝第三の道〟は、現在でもいろいろな状況に適用できるのではなかろうか。

羽地朝秀は延宝三（一六七五）年に死んだ。五十九歳であった。

もう一人のリーダー――蔡温《さいおん》

沖縄に、

「蔡温《さいおん》に還《かえ》れ」

という言葉があったそうだ。王府の運営に混乱が生じたり、あるいは収拾に手がつけられなくなった時に、必ずこの言葉が口に出されたという。

蔡温というのは、羽地朝秀よりはるか後年に活躍した琉球王府の重臣である。かれもまた、何かにつけて、

「お国元である薩摩藩の意向だ」

ということを口にした。しかし、かれは羽地朝秀の方針をそのまま踏襲したわけではなかった。かれはどちらかといえば、羽地朝秀の「琉日同祖論」には批判的だった。

「お国元の薩摩の意向である」

とはいっても、

「琉球人と日本人は祖先が同じだ」

とまではいわなかった。

蔡温は渡来人の流れだといわれる。中国から渡ってきた人の子孫だ。

琉球王国では、こういう渡来人が一つの知恵袋として歴代王政に関与していたらしい。

蔡温が力を尽くしたのは、地方の振興だった。とくにかれは農政と林政に努力した。

『農民心得書』というのがある。単なる農業の指導書ではない。
・琉球王国の立場
・王と国民との関係
・臣の道
・農民の道
・親孝行の道
・夫婦の道
などが書かれている。かれがこういうことを書いたのは、

「すべての基本は農にある。農民は国の宝だ」

という考えがあったからだ。農民を励ますことは、そのまま国民を励ますことに通ずると思っていた。だから、こんなことを書いている。

「お国元の指示に従って、琉球王国はその通り政治をおこなってきた。その結果、琉球の風俗もようやく改まり、万民が安心して暮らせるようになった。めでたいことである。こ

んなことは当たり前のことだと思って、あまり気にしない者もいるようだから、ここで改めて記しておく。このことをよくよく頭に入れて、老若男女ともありがたい幸せだと思うようにせよ。また、国民の努力によって、お国元に納める税も、一度も滞納したことはない。これも立派なことである」

複雑な表現だ。単純に読めば、

「薩摩藩のおかげで、琉球王国もこれだけ豊かになった」

と読み取れるが、蔡温がいいたかったのは必ずしもそうではない。彼も羽地朝秀と同じように、何かにつけて、

「薩摩藩がこう求めているぞ」

ということを口実にしたが、蔡温の方があるいはもっと自主性が強かったのかもしれない。事実、薩摩藩に心を寄せる琉球の知識人の中には、

「蔡温がお国元、お国元といっているのは上辺だけだ。本心は薩摩藩に反意を抱いている」

と密告しかけた者がいた。蔡温はたちまちこの知識人を処刑してしまった。ということは、自分の心の深層をズバリ突かれたからかもしれない。

いずれにしても、大きな二つの力の下で、南海の小王国琉球は、こういう優れた政治家

たちの努力によってそれなりの生き方をしつづけた。それは明治になって第二の「琉球処分」がおこなわれるまで、二百七十年もつづく。

苦難の先に見出したもの

薩摩藩の侵略によって二百数十年の間、琉球王国はその支配下におかれたが、それだけで終わったわけではない。明治維新後も同じようなことが起こった。

慶応二（一八六六）年、隣の清《しん》国から冊封使が琉球にやって来た。王国の尚泰王を正式に、

「琉球国中山王に封ずる」

という辞令をもった使いが来た。歓迎行事がおこなわれた。

ところが日本の方は尊皇攘夷の血風がいちおう落ち着き、全体として開国の体制に移行しつつあった。いつまでも、

「攘夷だ、攘夷だ」

と叫ぶ、いわゆる頭の固い志士たちは片っ端から粉砕された。

同時に、日本国内の志士という個人の時代は終わっていた。藩という組織が前へ出てき

た。それも雄藩と呼ばれる実力のある藩が前面に進出した。その先頭に立っていたのが、薩摩藩と長州藩である。

そして、この両雄藩が主力になって徳川幕府は倒された。明治新政府がつくられた。日本は近代化の道を歩み始めた。

明治四（一八七一）年には「廃藩置県」がおこなわれた。つまり、

「藩を廃し、県を置く」

ということだ。しかし、これはただ藩という行政組織を、県という行政組織に改めたというだけではない。もっと大きな意味があった。それは、

「大名はいままで徳川家の家臣だったが、今度は天皇の役人として県知事とする」

ということである。大名が忠誠を尽くさなければいけない対象は、すべて天皇にまとめられた。この中で琉球王国だけが依然として、

「王国体制」

を取っていた。政府首脳部は、

「あれはまずい」

と意見を一致させた。まずいというのは、

「琉球国は、長年薩摩藩が支配してきたのだから、当然、日本の領土の一部だ、日本に新しく集権国家ができたのだから、この中に組みこまれなければいけない」

ということである。ここでいわゆる、「琉球処分」と呼ばれる案がつくられる。処分官として琉球王国に渡ったのが、松田道之《みちゆき》だ。

処分の前に一つの手が打たれていた。それは明治五（一八七二）年、清国からの使者によって中山王の冊封を受けた尚泰の使いが政府に挨拶に来た。この時、政府側では尚泰に対し、

「以後、琉球国中山王というい方をやめて、琉球藩王と名乗ってもらいたい」

と告げた。尚泰側ではびっくりした。政府にすれば、本来なら一挙に琉球藩主としたいところなのだが、やはり清国から冊封されている王様のことなので、いちおう「王」という字を残し、「藩王」という特別な呼び方をしたのだ。政府にすれば、これがかなりの譲歩だと思っていた。

琉球王国側では、首里に戻っていろいろと日本政府の考えを忖度《そんたく》した。しかし、その真意は掴めなかった。

ところが明治八年になって、松田道之が琉球処分官として首里にやって来て、こう告げ

た。
・今後、清国との冊封・朝貢などの行事はいっさい廃止すること
・琉球国は、日本新国家体制に見合うような藩政改革をおこなうこと
これには首里王府は大いに当惑した。事実上、清国と国交を断絶しろというのに同じだ。

そして、

「日本国家の一組織として傘の下に入れ」

ということだ。薩摩藩の場合は、事実上の支配はしていても、表面は清国との冊封・朝貢貿易を認めてきた。それが薩摩藩の実利に結びついたからである。しかし明治新政府は
それをやめてしまえ、という。

「そんなことはできません」

首里王府は抵抗した。嘆願もした。しかし明治新政府は聞き入れなかった。

そして、明治十一（一八七八）年三月三十一日、明治新政府は琉球王国に通達した。

「琉球藩を廃止する。代わりに沖縄県を置く」

明治四年におこなわれた日本国内の廃藩置県を、七年遅れで琉球王国に及ぼそうということである。首里城の明け渡しが求められ、初代の沖縄県令として佐賀藩主鍋島の分家鍋

島直彬《なおあき》という青年が乗りこんできた。鍋島直彬は張り切っていたので、明治政府の方針をどんどん実行した。当然、抵抗が起こった。混乱と騒乱の中で、しかし明治新政府は琉球処分を着々と実行していった。王国の知識人の中にはこの処分に憤慨し抵抗した者もいた。さらに清国の助力を求めるために、次々と亡命していく人間も増えた。

その意味では、薩摩藩の侵略以上の手枷足枷が新しくはめられた。薩摩藩の支配下におかれていた時は、まだ幾分かは清国に対しての自由さが残されていた。しかし、今度は徹底的に日本化が求められる。

琉球王国民は暗澹たる気持ちになった。

わずかに救いだったのは、二代目の県令としてやって来た上杉茂憲の施策である。上杉茂憲は、先祖に名君として名高い鷹山（出羽米沢上杉家九代目当主）をもっている。茂憲は上杉家十三代目の当主だった。書記官として池田成章《なりあき》を連れてきた。

上杉・池田コンビは、沖縄の現状を見て、民力が相当疲れ果てている実態を目《ま》の当たりにした。二人は、

「徹底的に実態を調査して政府に進言しよう」

と心を決めた。二人は離島を含めて徹底的に歩き回った。そして、聞きしにまさる窮状

をこの目で見た。彼らは進言書をしたためた。

それには、

「政府は北海道に惜しみなく資金を投入しているが、沖縄にはその十分の一も投入されていない。是正すべきである。そうでなければ沖縄県民の困窮はいよいよ増すだろう」

と書いた。が、政府は冷淡だった。やがて上杉茂憲は更迭されてしまった。

昭和四十七（一九七二）年五月十五日、沖縄は日本に復帰した。復帰直後は確かにとまどいもあった。極端なのは、

「アメリカの軍政下におかれていた方がいいのではないか」

とアメリカ依存論もなかったわけではない。が、現在は那覇市に代表されるように、沖縄県は自力によってどんどん活性化している。とくに、東南アジアとの関係によって主体性を保とうとする努力は目を見張るものがある。豊かな可能性を秘めた自治体として世界の注目を集めることだろう。

いま、新しい気流を巻き立てる沖縄県は、ひじょうに活気づいている。大きな苦難の谷を二つもくぐり抜けてきた沖縄県が、その激浪の中から生んだ知恵によって、新しい生き方を日々示すありさまは、日本にとっても新しい希望になるはずだ。

9 乾坤一擲《けんこんいってき》の危機管理──決断に迷った時に立ち返る原点〈勝海舟〉

交渉の極意は〝明鏡止水〟

勝海舟は、その座談集『氷川清話』の中で、「外交の秘訣」について次のようなことをいっている。

「オレはこれまで随分外交の難局に当たったが、しかし幸い一度も失敗はしなかったよ。外交については一つの秘訣があるのだ」

そう前置きして、その秘訣というのを次のように語っている。

「心は明鏡止水のごとしということは、若い時に習った剣術の極意だが、外交にもこの極意を応用して、少しも誤らなかった。こういうふうに応接して、こういうふうに切り抜けようなど、あらかじめ見込みを立てておくのが世間のふうだけれども、これが一番わるいよ。おれなどは、何にも考えたり、目論んだりすることはせん。ただただ一切の思慮を捨ててしまって、妄想や邪念が霊知をくもらすことのないようにしておくばかりだ。すなわちいわゆる明鏡止水のように、心を研ぎ澄ましておくばかりだ。こうしておくと、機に臨み、変に応じて事に処する方策の浮かび出ること、あたかも影の形に従い、響きの声に応ずるがごとくなるものだ。

それだから、外交に臨んでも、他人の意見を聞くなどは、ただただ迷いの種になるばかりだ。甲の人の説を聞くと、それも暴《あら》いように思われ、また乙の人の説を聞くと、それも暴いように思われ、こういうふうになって、ついには自分の定見がなくなってしまう。ひっきょう、自分の意見があればこそ、自分の腕を運用して力があるが、人の知恵で働こうとすれば、食い違いの出るのはあたりまえさ」

勝は後に、福沢諭吉に『やせ我慢の説』で、

「忠臣は二君に仕えずというが、あなたは徳川幕府の高官であったにもかかわらず、明治維新でも高官のポストにいる。どういうおつもりか？」

と公開質問をされた時に、こう答えた。

「おこないはオレのもの、批判は他人のもの、知ったこっちゃねえ」

居なおりの論理である。しかし、かれは臆病でそういういい方をしたのではない。かれが若い頃は、剣術の免許皆伝の腕をもっていた。同時に禅を習った。これは剣禅一致、あるいは技と心の一体化を望んだのだ。だから度胸がいい。しかし、かれは自らの刀を抜いて一度も切り合いなどしたことがない。常に剣術よりも、胆力で勝負していた。

かれは「外交の秘訣」について、さらにこういう。

「外交の極意は、正心誠意にあるのだ。ごまかしなどをやりかけると、かえって向こうからこっちの弱点を見抜かれるものだよ」

江戸無血開城の大任

勝がその交渉力を最大に発揮したのは、いうまでもなく江戸開城の交渉である。

勝は簡単には引き受けなかった。命令者の元将軍徳川慶喜にいった。

「本当にあなたは恭順なさるおつもりがあるのですか？　私に和平工作をさせて時間を稼ぎ、小栗や会津などのいうことを聞いて、江戸で決戦を挑もうなどというのではないでしょうな？」

「ない。心から恭順の気持ちをもっている。小栗や会津はすでに罷免した。かれらは国に戻った。私も上野の寛永寺に引きこもる。頼む。おまえは官軍の参謀西郷とも面識がある。かれと交渉して、何とか江戸城を戦火から救ってもらいたい」

勝は慶喜を見つめた。そして、

(本当のようだ)

と感じた。

いったん朝廷に大政を奉還した徳川慶喜を、討幕側は警戒した。

「大政を奉還した後、朝廷と大名の連合会議を設けて、慶喜はその議長になるつもりだ」

という噂が立った。

「そんなことはさせない」

と怒った西郷隆盛は、腹心を江戸で暴れさせて、徳川方を怒らせた。挑発に乗った徳川軍は京都に殺到した。慶応四年一月三日、鳥羽・伏見の戦いが起こった。このとき、薩長側は天皇から錦の御旗をもらった。このため徳川軍は賊軍となった。

「朝敵を征伐せよ」

ということになって討征軍が編成され、宮さん宮さんお馬の前に、という軍歌を歌いな

がら、一斉に江戸を目指して進軍を始めた。総督は有栖川宮である。参謀は西郷隆盛だ。西郷は、

「江戸を焼き払い、徳川慶喜の首を宙に飛ばさなければ腹の虫が収まらない」

と豪語していた。こういう状況の中で、勝海舟は、

「江戸を戦火から救って、官軍と平和開城の交渉をせよ」

と命ぜられたのである。

勝は考えた。それは、

「この江戸無血開城は何のためにおこなうのか？」

ということである。勝はとっくに徳川幕府を見放していた。心の底ではおそらく最後の将軍徳川慶喜をも見放していただろう。かれは早くから開明性をもち、外国事情に通じていたから、日本の武士が保ってきた「忠誠心」というような古い考えはない。かれがこの時、頭の中に思い浮かべたのは、江戸百万の市民の存在である。

「侍同士の喧嘩で、何の罪もない市民が命を失ったり、財産を失うのはかわいそうだ」

かれらを救おう、とかれは心を決めた。そのためなら、今度の仕事もやりがいがある。徳川慶喜のためだと思うと腹が立つ。前に一度だまされている。

そして、都合が悪くなるとオレを引きずり出す。そういう態度がまったく気にくわないとかれは考えた。

しかし、かれはこうも考える。

「オレの怒りは誰が聞いても筋が通っているというだろう。しかし、よく考えてみれば、これは私《わたくし》の怒りだ。公の怒りではない。どうせ怒るなら公の怒りでなければならない。同時に江戸城を無血開城するのも、公のためでなければダメだ。公とは何だ。それは、江戸百万市民だ。よし」

勝海舟はこの仕事に初めてやりがいを感じた。そこで策をめぐらせた。

まず自分で橋を焼く

かれは、江戸の花街の代表者を呼んだ。ヤクザ・バクチ打ちも呼んだ。火消しも呼んだ。魚河岸の取り締まりも呼んだ。みんな何のことかと思ってゾロゾロやってきた。勝はみんなの顔を見渡しながらこういった。

「今日は忙しいところをすまぬ。官軍がまもなく西の方からピーヒャララッタッタとやってくる。江戸を焼く気だ。そこでおまえたちに頼みがある。オレは西から来るイモのやつらの手で江戸を焼かれたくねえ。やつらに焼かれるくらいなら、こっちで火をつけたい。そこで、いろは四十八組の江戸の火消しさんよ、今回に限って火を消さねえで、おめえたちの手で火をつけてくれねえか」

これを聞いて、みんな顔を見合わせた。すぐ笑い出した。火消しの代表が頭をかいた。

「火を消すのが商売のあっしたちに、火をつけろとおっしゃるんですかい」

「そうだ。ただ、その前にやってもらいたいことがある」

勝はここで真顔になって腕を組んだ。

「オレが何より心配しているのは、江戸で暮らしている百万の市民だ。この連中を戦火に巻きこみたくない。江戸城に勤めて無駄飯を食っている侍なんぞはどうなったっていい。こんなやつらの心配はしねえ。ただ、江戸の市民たちだけは、一時期、房総方面に退避させたい。そこで、川筋の船宿や船頭の連中は、船を全部集めてくれ。足りなければ漁船も集めてくれ。そして、オレが掛け声をかけたら、大急ぎでわずかな家財道具をもたせ、千葉方面に逃がしてやってくれねえか。それから遊郭の親方たちに頼みたい」

「何です？」

「女たちを使ってイモを歓待してやってくれ。そして、イモたちを腹の上で踊らせてくれ。

イモ踊りだ。イモが女たちの腹の上で踊り出したら、魚河岸の兄ちゃん連中は出刃包丁をもってイモ野郎をみんなブスブス突き刺してくれねえか。マグロの代わりにな」

みんな大笑いだった。しかし、勝の心根は集まった者たちの胸を打った。

(勝先生は、たった一人で江戸を救おうとなさっている。それも市民を救おうとなさっておいでだ。いまの江戸城には、こんな人はほかにいない)

そう感じたかれらは、一斉に平伏した。そして、

「いつでもお声をかけておくんなさい。必ずお言葉に従います。命にかけても、江戸の人々を無事救い出します。その後で、イモの野郎どもをブスブスとぶっ刺してごらんにいれましょう」

みんな頼もしい言葉で誓った。勝は大きくうなずいた。

しかしかれは、こんなことを本気でやる気はなかった。戦機がすでに去っていた。勝が考えていた戦略は、もし幕府側に戦う気があるのなら、まだ海軍は無傷だ。そこで急遽、艦隊を駿河湾に回す。そして箱根の山に差しかかった官軍を砲撃し、さらに小田原側で残った幕軍を全部勢揃いさせて挟み撃ちにする気だった。しかし、この案は徳川慶喜の取るところとならなかった。慶喜はもう完全に戦意を失っていた。だから、勝にいった恭順の

気持ちは本気だった。
勝がここでやった交渉準備で、いくつか大切なことがある。それは、
・依頼主である徳川慶喜に、今度は本気かどうか確認したこと
・交渉に当たる前に、背水の陣を敷いたこと
・和平交渉をしながらも、交渉が決裂した場合は自らの手で江戸に放火し、江戸を完全に消滅させてしまう作戦を立てていたこと
・しかし、その時のパワーは武士に頼らなかった。市民に頼った。そして、火消しに火つけをやらせるというような皮肉な作戦を立てた。この発想の転換による戦略は、市民代表たちの大いに歓迎するところとなった。かれらは勝の心意気を感じた。江戸っ子の意気を西から来るイモ侍に見せてやろうと意気ごんだ
こうして、自分を崖っぷちにおいた後、勝は第二段階に入った。

譲れること、譲れないこと

官軍はどんどん迫っていた。総督の有栖川宮も、参謀の西郷隆盛も駿府に入っていた。
ここから各街道から江戸を目指して進軍する官軍に指令が出された。

「三月十五日をもって、江戸を総攻撃する」

ということである。

こういう切迫した状況の中で、勝は工作した。一つは先代将軍徳川家茂の妻が先帝孝明天皇の妹宮だったので、嘆願書を書いてもらった。しかし、これは黙殺された。第二弾として、勝は自分が直接交渉に当たる前に、山岡鉄太郎を起用しようと考えた。山岡とはそれほど深い知人ではなかったが、かれも「剣禅一致」を目標とした剣客であることを知っていた。また、当時勝の家には薩摩藩士益満休之助《ますみつきゅうのすけ》がいた。益満は西郷の腹心で、去年の暮れ、西郷の謀略によって江戸撹乱の指揮を執った武士だ。かれはなかなか肝が据わっていて、この時に参加した数百人の浪士たちを全部、芝浦の浜から海上に脱出させ、一人で三田の薩摩藩邸に残った。そしてゆうゆうと徳川軍に逮捕された。その身柄を勝は預かっていた。そして益満に、

「山岡君を案内して、駿府の西郷さんのところに行ってくれ」

といった。山岡に一通の手紙を託した。それは西郷宛ての和平の条件である。

和平条件として、勝はこう考えた。

「譲れるものと譲れないものとに分けよう。譲れないものとは何だろう?」

自問して、

「それは、徳川慶喜さまの生命だ。慶喜さまが切腹を命ぜられるとか、斬首になるようなことがあったら、オレは絶対に和平はしない。江戸に火をつける。また、一大名家に預けられるようなことも承認できない。それは旧将軍にとっては我慢できない屈辱になるからだ」

やはり身分が低くても武士であった勝はそう考えた。

皮肉なものである。いままでさんざんだまされ利用された徳川慶喜の身柄を、勝はギリギリの譲れない条件として設定したのだ。だから、

・江戸城は抵抗せずに引き渡す
・幕府がもっている武器弾薬も引き渡す
・ただし、海軍については、艦船を全部引き渡さない。一部は残してもらう
・徳川家臣団から、戦争犯罪人を出さない。家臣団は全員の命を助けてもらう。それぞれ新しい生活の道を辿ることを認めてもらう
・もちろん、江戸市民に対して乱暴はしない。江戸市民の命や財産を絶対に奪わない
・暴行・略奪も禁止してもらう。必要なものは、必ず代価を支払って購入してもらう

以上だ。山岡鉄太郎は、益満休之助を案内人として駿府に行った。かれも頑固だった。西郷は怒った。とくに徳川慶喜の今後について、いろいろと注文をつけるのはとんでもない話だと息巻いた。西郷はまだ江戸を焼き払う気でいた。もちろん慶喜にも切腹させる気でいた。ところが、かれの腹心木梨精一郎が、非公式に横浜にイギリス公使パークスを訪ねた。そして、

「江戸攻撃の際、負傷者がたくさん出ると思いますので、その際は横浜にある外国の病院を拝借したい」

と申し出た。パークスは怒った。

「新政府軍はまだそんなことをいっているのか！　江戸城は平和に接収したまえ。もう戦争はたくさんだ」

木梨は驚いて駿府に走り戻ってきた。このことを西郷に伝えた。西郷は大きな目をギョロリとむいた。そして、チッと舌を鳴らした。

「勝め」

思わずつぶやいた。勝がすでにそこまで手を回していると読んだのだ。

山岡が戻ってきて報告した。勝はうなずいた。

「ご苦労。次はオレが一人で西郷さんと交渉する」

西郷との交渉がおこなわれたのは三月十五日のことである。

「私」の論理を超えられるか

「官軍が品川まで押し寄せてきて、いまにも江戸城へ攻め入ろうという際に、西郷はオレが出したわずか一本の手紙で、芝田町の薩摩屋敷までノソノソ談判にやってくるとは、なかなかいまの人ではできないことだ。

あのときの談判は、実に骨だったよ。官軍に西郷がいなければ、話はとてもまとまらなかっただろうよ。

その日のオレは、ハオリハカマで馬に乗り、供を一人連れただけで薩摩屋敷へ出かけた……。西郷は庭の方から、下駄を履いてしもべを一人従えたまま、平気な顔で出てきた。遅刻をして実に失礼しました、と挨拶しながら座敷に通った。その様子は、少しも一大事を前に控えた者とは思われなかった。

さて、いよいよ談判になると、西郷はオレのいうことをいちいち信用してくれ、そのため一点の疑念も差し挟まなかった。

「いろいろ難しい議論もありましょうが、わたくしが一身にかけてお引き受けします」

西郷のこの一言で江戸百万の人間もその生命と財産とを保つことができた。また、徳川氏も滅亡を免れたのだ。もしこれが他人であったなら、いや、あなたのいうことは言行不一致だとか、たくさんの暴徒が江戸中に屯集《とんしゅう》しているのに、恭順の術《すべ》はどこにあるのか、といろいろうるさく責めたてるに違いない。万一そうなったら談判はたちまち破裂だ。しかし西郷はそんな野暮はいわなかった。大局を達観して、しかも果断に富んでいたのには、オレも感心した……」

『氷川清話』で勝はこのときの交渉の様子をこのように語っている。このとき西郷は、最後まで勝に対して幕府の重臣に対する礼を失わなかったという。こういう点だけ見ても、すでに幕府は衰亡の道を歩んでいたのだ。

何でもことが成功するのには、「天の時・地の利・人の和」の三条件が必要だといわれる。地の利や人の和は、場合によっては人為的に得られるかもしれない。が、天の時、すなわち一種の運は、人の努力によってもなかなか得られるときと得られないときがある。が、勝はそれを、

「人間が正心誠意を尽くせば、必ず天の時も得られる」

と信じた。

それが、江戸城無血開城の交渉であった。かれは、この時かつてかれをだました徳川慶喜に命ぜられて、最初はこの交渉を渋った。が、受けた。というのは、自分の私情をもって拒めば、江戸百万の市民が戦火に見舞われて、いいようのない苦痛を味わうと感じたからだ。かれは江戸百万の市民救済を目的にこの交渉に臨んだ。そして、ギリギリのところまで自分を追いこんだ。さらに交渉にあたっては、

「譲れるべき事項と譲れない事項」

をハッキリ分けた。しかも、その「譲れない事項」というのは、個人的にはどうしても好感をもつことができない旧将軍徳川慶喜の一身を、屈辱の境地から救うことであった。ここに勝の偉さがある。そして、かれの交渉術の秘密がある。一言でいえば、

「交渉の根源には、公の論理がなければならない」

ということだ。私欲を貫いたら絶対に交渉は成功しないという信念だ。

孤独なリーダーを支えるもの

もう一つある。それは、たとえかれが、「正心誠意を尽くす」といっても、正心誠意を

丸出しにして、それだけを貫くということではない。正心誠意は底に据えるべき核だ。核の上には、幾層にも多くのテクニックを重ねる。ここが勝の独特な交渉術である。普通、「正心誠意を尽くす」というと、まったくウソをつかないことであり、同時にテクニックも駆使しないという意味に取る。が、勝は違う。底に正心誠意を据えておきさえすれば、今度は交渉は一種の技術だ。したがって、かなりのハッタリや虚飾を交えた技術を駆使することは当然だ。勝はその点、老練なテクニシャンであった。

こういう点にも「正心誠意」という解釈に、新しい意味をつけるべきだろう。

ましてファジー（曖昧）な時代、不確実性の時代といわれる現在、トップリーダーが決断をすることは容易ではない。判断中止、見切り発車をしなければならないこともある。それでなくとも、トップリーダーは常に孤独だ。山頂の一本松だ。吹きつける風はきびしい。しかも常に決断を迫られる。地獄の思いをする。危険負担が伴う。

そういう状況を越えていくためには、正心誠意を交渉技術の面にまで露骨に表すと、逆に反感を買うこともある。このへんの人間心理を勝海舟はよく心得ていた。

勝海舟の交渉の秘訣を知るためには、この人間観察の数々を書いた『氷川清話』をテキストにすると、まだまだ多くのことを学べるに違いない。

※本書は『歴史に学ぶ危機管理』（平成六年一〇月　丸善ライブラリー）を加筆修正し改題したものです。

青春新書
INTELLIGENCE

こころ涌き立つ「知」の冒険

いまを生きる

"青春新書"は昭和三一年に――若い日に常にあなたの心の友として、その糧となり実になる多様な知恵が、生きる指標として勇気と力になり、すぐに役立つ――をモットーに創刊された。

そして昭和三八年、新しい時代の気運の中で、新書"プレイブックス"にその役目のバトンを渡した。「人生を自由自在に活動《プレイ》する」のキャッチコピーのもと――すべてのうっ積を吹きとばし、自由闊達な活動力を培養し、勇気と自信を生み出す最も楽しいシリーズ――となった。

いまや、私たちはバブル経済崩壊後の混沌とした価値観のただ中にいる。その価値観は常に未曾有の変貌を見せ、社会は少子高齢化し、地球規模の環境問題等は解決の兆しを見せない。私たちはあらゆる不安と懐疑に対峙している。

本シリーズ"青春新書インテリジェンス"はまさに、この時代の欲求によってプレイブックスから分化・刊行された。それは即ち、「心の中に自らの青春の輝きを失わない旺盛な知力、活力への欲求」に他ならない。応えるべきキャッチコピーは「こころ涌き立つ"知"の冒険」である。

予測のつかない時代にあって、一人ひとりの足元を照らし出すシリーズでありたいと願う。青春出版社は本年創業五〇周年を迎えた。これはひとえに長年に亘る多くの読者の熱いご支持の賜物である。社員一同深く感謝し、より一層世の中に希望と勇気の明るい光を放つ書籍を出版すべく、鋭意志すものである。

平成一七年

刊行者　小澤源太郎

著者紹介
童門冬二〈どうもん　ふゆじ〉
1927年東京生まれ。東京都庁にて広報室長、企画調整局長、政策室長等を歴任後、79年に退職。以後は執筆活動に専念し、歴史を題材に、組織と人間の問題を浮かび上がらせる手法で、数々の話題作を手がけている。第43回芥川賞候補。99年には勲三等瑞宝章を受章。おもな著書に『将の器　参謀の器』『なぜ一流ほど歴史を学ぶのか』『日本史は「線」でつなぐと面白い!』(いずれも小社刊)、『50歳からの勉強法』(サンマーク出版)、『小説　上杉鷹山』(学陽書房人物文庫・集英社文庫)などがある。

危機《きき》を突破《とっぱ》する
リーダーの器《うつわ》

青春新書
INTELLIGENCE

2016年1月15日　第1刷

著者　童《どう》門《もん》冬《ふゆ》二《じ》

発行者　小澤源太郎

責任編集　株式会社プライム涌光
電話　編集部　03(3203)2850

発行所　東京都新宿区若松町12番1号
〒162-0056
株式会社青春出版社
電話　営業部　03(3207)1916　振替番号　00190-7-98602

印刷・中央精版印刷　製本・ナショナル製本

ISBN978-4-413-04476-9